世界史を「移民」で読み解く

玉木俊明 Tamaki Toshiaki

NHK出版新書
575

はじめに

人間の居住地は、世界中に広がっている。比較的過ごしやすい温帯は言うまでもなく、酷暑の地である砂漠（ただし、夜になるとかなり寒くなる）から極寒のシベリア、さらにはアマゾンの密林まで、人間が住んでいない場所はないと言っても過言ではない。現在、人間は南極にさえ住むことができるのだ。

地球の歴史において、これほどまで多様な地域に住んだ生物はいなかった。たとえば、地球上のあらゆる場所に王者として君臨したと思われる恐竜でさえ、現在であれば、熱帯か、せいぜい亜熱帯でなければ生存できなかったであろう。人間は、驚くほど多様な環境に適合したのである。

人間が住居や衣類をはじめ、暑さや寒さをしのぐ様々な手段を発明したからだ、というのはその通りである。しかし、もっと重要だったのは、「長距離を移動する能力や手段」ではなかっただろうか。人間の歴史とは、そうした能力や手段によって、より遠く、より広範な場所へと拡大していく過程ではなかったか、と思うのである。

本書は「移民」という視点から世界史を読み解くものである。

「移民」とは、かなり狭義の定義を使うなら、本人の意思によって生活の場を国外に移した人々のことを言う。だが、本書では「移民」をもう少し大きく捉えたい。すなわち、「移動する人々」という文字通りの意味で「移民」の歴史を見ていく。それは先に述べたように、私には「長距離を移動する能力や手段」こそが、人間にとって特別なもののように思われるからである。

人間の歴史を旅に喩《たと》える言い方は、月並みではあるが、じつに本質を突いたものかもしれない。なぜなら本書で詳しく見るように、歴史とは「移動する人々」のまさに一歩一歩によって、築き上げられてきたものに相違ないからだ。

今日の世界でも、たとえば2015年、ヨーロッパに地中海やヨーロッパ南東部を経由して100万人を超す「移民」が押し寄せたり、最近も中米からアメリカ合衆国国境に向けて大量の「移民」がキャラバン移動する姿が注目を集めたりしている。

人々が発展途上国や紛争の絶えない地域から、豊かで自由な先進国へと移住したいと考えるのは、当然のことであろう。だが現在、ヨーロッパやアメリカをはじめとする豊かな国々は、専門的な職業に就《つ》いていなかったり、特別な技術を持たなかったりする外国人の新規受け入れには慎重な態度をとっている。

いや、厳しい対応を望む声さえ多い。そのため、彼らは「難民」として入国を試みたり、特殊な斡旋《あっせん》ネットワークを使って密入国を試みたりして、大きな問題となっている。このことは読者のみなさんもご存知の通りであろう。

日本でも、人手不足や、外国人技能労働者の問題を背景に、移民政策が本格的に議論され始めている。本書では、これに答えを出すことはできないが、重要なのは、「移民」が現代社会にとどまる現象ではなく、これまでの人間の歴史を通して見られた普遍的な現象だと認識することである。そうしなければ、移民問題への対策など、とれるはずもないからだ。

忘れてはならないのは、歴史上、「移民」は必ずしも自分たちの利益や目的のためだけに移住したのではなかったことである。戦争や迫害、さらには奴隷《どれい》になったため、「移民」となることを余儀なくされる人たちは、昔から多かった。

彼らは、苦労もあっただろうが、移住した先で自らの持つ技術・文化などを伝え、社会そのものを新たに変貌《へんぼう》させることに貢献してきた。世界史とは、こうした「移民」が築き上げてきたものの集積だと言って過言ではあるまい。

移動方法そのものも、大きく変わった。徒歩から馬、ラクダなどの動物、さらには船を使うようになり、その船も大型化していった。帆船のみならず、蒸気船が使用され、鉄道、自動車、飛行機の発明によって、スピードと距離は飛躍的に上昇した。

「移動する人々＝移民」という観点から世界史を見れば、人間がどのように文明をつくり、伝播《でんぱ》させていったか、そして世界がどのように一つのものとして結びつけられていったかが、鮮やかに浮かび上がってくるはずである。

またその過程において、いったいどのような問題が生じ、それが現代の課題として残されているかということも、感じ取っていただけるのではないだろうか。

本書が、人の移動を通して、長期的な視野で世界史から現在の社会を考えるヒントになれば幸いである。

世界史を「移民」で読み解く　目次

第1部　人類・民族の「大移動」とは何だったか

第1章　文明はどのように伝播したか

「世界最初の移民」とは

現在わかっている最古の人類は、今から700万年前にアフリカの中北部で生息していたサヘラントロプス・チャデンシスである。

人類は、それ以来アフリカで進化してきたが、やがて登場したホモ・エレクトスの一部がユーラシア大陸にまで進出した。200万～100万年前のことであった。

「出アフリカ」と言う時、通常は現生人類であるホモ・サピエンスの2回にわたる大移動を指す。だとすれば、このホモ・エレクトスの移動は、プレ「出アフリカ」と位置づけられるかもしれない。

原因としては、アフリカの寒冷化が挙げられることが多いが、本当の理由はよくわかっていない。彼らは、アフリカより寒い地域にまで移動したと考えられているからだ。

ホモ・エレクトスの分布域は広大で、東アフリカから地中海沿岸の中東、ペルシア湾岸からインド、インドシナ、インドネシア、中国の遼東《りょうとう》半島の沿岸部にまで及んでいたとされる。私が、ホモ・エレクトスこそ「世界最初の移民」だと考える所以《ゆえん》である。

もっとも、ホモ・エレクトスは、ユーラシア大陸のいくつかの地域に移住したものの、そのまま各地で進化したわけではなく、やがて絶滅してしまった。ホモ・サピエンスによって、滅ぼされたこともあったかもしれない。

そのため、ホモ・エレクトスは、我々の直接の祖先というわけではない。しかし、彼らに長距離を隔《へだ》てた移住を可能にした様々な遺伝子は、やがてホモ・サピエンスに受け継がれることになった。

本書では、ここから世界史を解き起こしてみよう。

六大文明の誕生

現生人類のホモ・サピエンスは、2回、出アフリカを決行したと言われる。第1回が15万〜10万年前であり、第2回が7万〜5万年前であった。

この理由もじつはよくわかっていない。食料不足が原因だったという説もあるが、果たしてわざわざアフリカから出て行くほどであったかは疑問である。できるだけ多くの地域で生活したほうが種の保存にとって望ましい、という本能が働いたのであろうか。

いずれにしても、アフリカから出て行ったホモ・サピエンスは、全体の一部に過ぎなかった。重要なのは、その「一部」が、彼らの移動こそが、人類の歴史だけではなく、生物全体の歴史、さらには地球の環境さえ大きく変えたということである。

数万年にわたり移動を続けたホモ・サピエンスは、「移民」そのものであった。しかし、彼らもやがて定住先を見つけ、そこで暮らすことを始めた。そうして築き上げられたのが、いわゆる六大文明である。

メソポタミア、エジプト、インダス、黄河《こうが》、長江《ちょうこう》、古代アメリカ文明。これら六大文明は、「定住した人々（定住民）」によって築かれたとされる。

だがここで、一度立ち止まって考えてみたい。我々は、暗黙のうちに、文明とは定住民によって築かれるものだと思い込んでいるが、本当だろうか。

少なくとも、これらの文明が発展・伝播するためには、「移動する人々（移民）」の存在が必要であった。

定住民が築いた文明圏に、他地域から人々が移住してくる。さらにそこに住んでいた人々が、今度は別の地域に移動し、その文明の価値を伝える。この繰り返しによって、文明圏が拡大していく。おそらくこれこそが、人類が誕生して以来、居住地を爆発的に増やしていった方法だったと考えられるのだ。

いや、定住民も、かつてはどこか別の地域から移住してきた人々だったはずである。つまり出アフリカとは、アフリカを旅立った人類が移動の途中でどこかの地域に定住していく一連のプロセスであり、一度定住した人々も、また地域間を結んで移動することがあったということである。

忘れてはならないのは、六大文明が誕生し、発展している間にも、出アフリカそのものは続いていたことである。たとえば、東南アジアから太平洋地域への人々の移動は続いていた。これは六大文明の影響を受けた人々が、出アフリカの一部として海を越えて太平洋の島々にまで渡ったことを意味する。このことについては、次章で詳しく述べよう。

「移民」が文明を繋いだ

文明の伝播について、メソポタミア文明を例に、もう少し具体的に考えてみたい。

メソポタミア文明は、言うまでもなく世界最古の文明である。車輪を発明し、ワインやビールを生み出した。だが、これらの素晴らしい発明や発見が他の地域にまで伝わったのは、当たり前だが、その価値を認めて他の地域に伝えた人々、そしてそれらを受容した人々がいたからである。

メソポタミア文明が、インダス文明に大きな影響を及ぼしたことは広く知られていよう。この2つの文明は、陸上ルートと海上ルートの両方で、交易を行っていた。

さらにアッシリア帝国によって、7世紀前半にメソポタミアとエジプトが統一され、オリエント世界が誕生すると、その交易の範囲はエジプトにまで及ぶことになった。

ここで問題となるのは、メソポタミア文明、ひいてはオリエント文明とインダス文明が、どのように交易を行っていたか、ということである。

私が着目したいのは、交易の仲介をした人々である。この場合は、イランのザグロス山脈沿いに位置していたエラム王国に属する人々であった。インダス文明の起源の研究者と

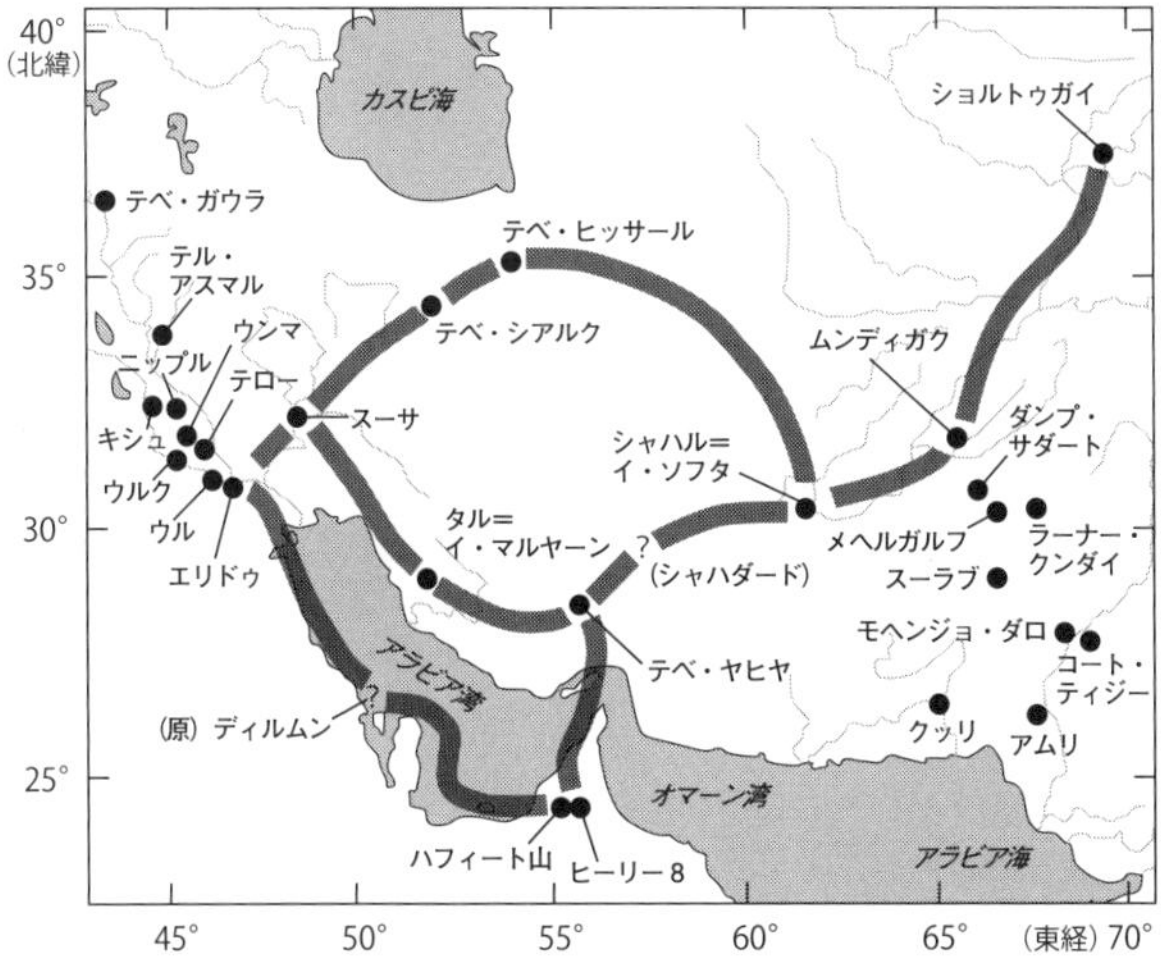

図1–1　原エラム文明の物流ネットワーク

出典:『メソポタミアとインダスのあいだ——知られざる海洋の古代文明』(後藤健、筑摩書房、2015年、43頁) をもとに作成

して有名な後藤健《たけし》氏は、彼らの文明をエラム文明と呼び、古代の中近東の交易で大きく活躍した人々であると考えている。

たとえば、インダス文明の産物として知られる鉱石のラピスラズリは、メソポタミア、さらにはエジプトに送られ、ツタンカーメン王のマスクに使用された。これを輸送したのが、後藤氏によればエラムの商人たちであった。

エラムの人々が住んでいた地域は、農業には適していなかった。しかし彼らは、石材や木材、貴石など天然の資源には恵まれていた。そのため資源を商品として、メソポタミアのシュメール人などと交易を行って、繁栄したのであろう。

彼らは文明から文明へと商品を輸送することで、大きな利益を得たが、それはとりもなおさず文明を伝播させる行為でもあった。逆説的ではあるが、人類が定住して文明を拡大させるために、文明間を繋《つな》いだ「移民」が大きな役割を果たしたのだ。

「王の道」は一日にしてならず

エラム人が使用した道は、もともとは出アフリカの時にホモ・サピエンスが使用したものと考えられる。エラム人は、そのルートを日常的に人々が使用できるものに整備したのであろう。

この道は、やがてアケメネス朝ペルシアが用いた交通路へと発展していく。アケメネス朝ペルシアのダレイオス1世は、イラン高原のスーサから小アジアのサルデスに至る幹線道路「王の道」を築いたとされる。

一般に「王の道」はアケメネス朝ペルシアの力だけで建設されたイメージが強いが、出アフリカ、さらにエラム人が使用していたルートを、より大規模なものへと転換してつくられたと考えるほうが、ずっと理にかなっている。

第3章で述べるように、古代ギリシア（マケドニア）のアレクサンドロス大王の軍隊がアケメネス朝ペルシアを滅ぼし、インダス川まで行けたのも、この「王の道」があったからである。

世界史上の傑物《けつぶつ》として名高いアレクサンドロス大王であるが、じつは行程のほとんどがアケメネス朝ペルシアの領土内に過ぎず、決して道なき道を行ったわけではない。

我々はアレクサンドロス大王の遠征軍が、人跡未踏の地を開拓していったと無意識に考えてしまいがちだが、大王の遠征が可能になったのは、出アフリカ、エラム人、アケメネス朝ペルシアと、綿々と続いた交通路の拡大があったからなのである。

古代エジプトとフェニキア人

本章を出アフリカから始めたのも、今述べたことが理由である。

我々は歴史というものが、何か突出した才覚や能力を持った個人によってつくられたものだと勘違いしてしまいがちである。しかし、「王の道」の話で明らかなように、歴史の進歩とは、先人の一歩一歩が積み重なったものでしかありえない。

文明もそのようにして少しずつ伝播、発展していった。たとえば、古代エジプト文明は、後で述べるフェニキア人を通じて地中海の様々な地域と交易を行っていた。

そこで使われたルートは、古代ローマの人々、中世のムスリム商人やイタリア商人、近世のフランス商人、さらには北ヨーロッパから来たイギリス商人、オランダ商人、スウェーデン商人たちの貿易活動へと受け継がれ、ヨーロッパ繁栄の礎《いしずえ》となった。

出アフリカとの関係に戻ると、古代エジプト文明がアフリカ北東部のヌビアと交易をしていた可能性が言われているが、これも出アフリカのルートが使われた一例かもしれない。

また、出アフリカには、陸上ルートだけではなく、海上ルートでの移動もあった。海上ルートでの移動によって、人類はアフリカ、ヨーロッパ、アジアのみならず、太平洋の島々にまで移住できるようになったのである。

こうしてベーリング海峡（氷河時代には「地峡」であったが）を渡り、南北アメリカ大陸を横断した人々のルートは、おそらくアメリカ大陸の商業ルートに発展していったと考えられている。

いずれにしても、人類は陸と海の両方のルートを開拓しながら、少しずつ世界中に広まっていった。次章では、そのことを海のルートを中心に、引き続き考えてみたい。

第2章　太平洋を渡った人々の謎

海上ルートでの移動開始

出アフリカから六大文明を築き上げたのは、主として陸上を通った「移民」であった。しかし、海上ルートで出アフリカを果たした人々もいた。

その中でもっとも重要なのは、太平洋を渡った人々であろう。太平洋の面積は非常に広く、1億6500万平方キロメートルを超える。これは、地球の表面積の3分の1に当たる。したがって、太平洋を越えた移住には、じつに多くの時間がかかった。たとえば、南米大陸の最南端に人々が到達したのが1万1000年前だったのに対して、太平洋のイースター島に到達したのは1500年前であった。

7万～5万年前に始まった出アフリカは、海上ルートを含めれば、ようやく1500年前に終わったことになる。

太平洋を渡った人々としては、まず太平洋諸島に移り住んだ人々が挙げられる。東南アジアは、赤道付近に位置する高温多湿の地域であり、そこからオセアニアへの人類の移動は2回生じている。

最初の移動は、5万年ほど前のことであった。人類が「東南アジア諸島部」と図2−1に描かれたサフル大陸（現在のオーストラリア大陸がニューギニア島などと結合したもの）に進出したのだ。これは、主として陸上ルートでの移動であったとされる。

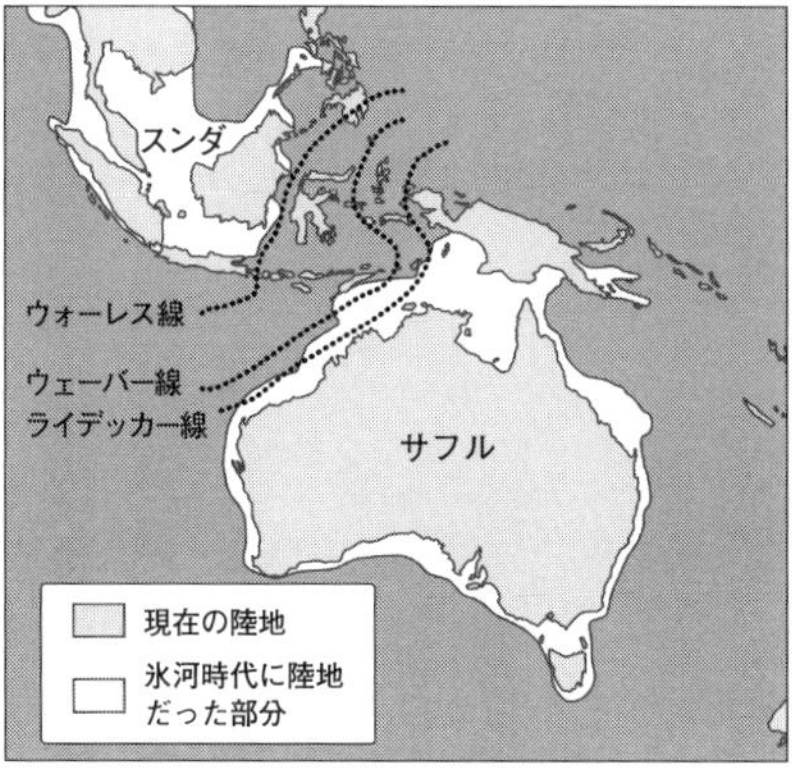

図2–1　スンダランドとサフル大陸

確かに2万2000〜1万5000年前の氷河時代には、海面が現在より100メートル降下しており、東南アジア諸島部の大部分はスンダランドという一つの大きな大陸棚になっていた。

しかし、スンダランドとサフル大陸は一度も陸続きになったことはない。ポツポツと、深い海峡によって隔てられていた。したがって、この地域の移動には最終的に船が必要であったはずである。それがどのようなものであったかは、残念ながらまだ明らかになっていない。

航海者による島のネットワーク

2回目の移動では、人類は赤道の北と南の二手に分かれて東方に移動し、オセアニア全体へと拡散していった。東南アジア諸島部から、ニューギニア沖へと移動し、さらにハワイやイースター島、ニュージーランドにまで移り住んだのである。新石器文化の農耕民であった彼らは、ラピタ土器と呼ばれる土器や、栽培植物、家畜などを積み込み、帆のついたアウトリガーカヌー（丸太をくり抜き、片側に浮き材をつけた船）を使って海上を移動したとされる。

この子孫であるポリネシア人（オーストロネシア語を話すモンゴロイド系の民族）は、カヌーの他、双胴船（2つの船体を甲板で平行に繋いだ船）で移動し、より遠隔地に位置する太平洋の様々な島に移住した。

もちろん定住した人々だけでなく、島と島とを結び、移動を続ける人々もいた。彼らは、新しい島を発見すると、それらの島々の間を巧みに移動することで諸島間のネットワーク

ポリネシアの双胴船

を強化していった。
そうしたことができたのは、逆風である卓越風（頻度がもっとも多い風向の風）に対して安全に航海する術《すべ》を知っていたからである。また、様々な天候をうまく利用して航海を長期間続けることができた。ポリネシア人は、すぐれた航海者だったのだ。人類が世界中に広がることができたのは、陸上のみならず、このように海上でも自在に移動ができる方法を開発したからに他ならない。
人類は島から島へと渡りながら、多数の島に住み着いていった。だが島と島は決して孤立していたわけではなかった。「移民」のネットワークによって結合されていた。だからこそ太平洋の諸島が、ある程度の文化的一体性を保つことができたのである。

この構造は、陸上での文明の伝播にきわめて類似している。すなわち、定住している人々を結ぶ移動する人々がいて、彼らによって文明と文明（あるいは、より小規模な文化と文化）が結合され、より大きな文明（文化）圏を形成するという構造である。

人類は、決して定住することだけを選択したわけではなかった。移住することを選んだ人たちもいた。だが、この2タイプの人類は、まったく関係がないわけではなかった。ある地域から別の地域へと移動した人々のうち、移動を続ける人もいれば、その地に定住する人もいた。移動を続けた人々もやがて定住したし、定住を選んだ人々も、いつかはその土地を去った。

そういうパターンをたどって人類が広がったのだから、たとえ陸続きではなかったとしても、人類の持つ技術や文化が他の地域に移植され、文明圏としての繋がりが保たれたのは当然であったと考えられる。

誰が古代アメリカ文明を築いたか

アメリカ大陸に移動した人々も、太平洋を渡った人々の一部に数えられる。現在の研究では、3万5000年前には、すでにベーリング海峡を海上ルートで渡り、北米に人類が移動していたとされる。

彼らがアメリカ大陸を縦断するには、ロッキー山脈、西シエラマドレ山脈（メキシコの北西から南東に連なる大山脈）、アンデス山脈という大きな山を越えなければならなかった。それは想像以上に過酷《かこく》な旅路であったろう。

人類は、その過程でアメリカ大陸のあちこちに定住したが、その場所は平地だけではなかった。アメリカ大陸は南北に長い。そのため、極寒で木が生えない地域から、湿度が高い熱帯地方、さらにはアマゾンのような原生林、砂漠まで、じつに多様な地域に住むことを余儀なくされたのである。

そのことと関係があるかどうかはわからないが、図2-2に示すように、アメリカの古代文明は現在の中米にほぼ集中している。他にはアンデス山脈に文明があるに過ぎない。これは奇妙な現象であり、古代アメリカ文明は、旧大陸の半乾燥地域の、大河に面した

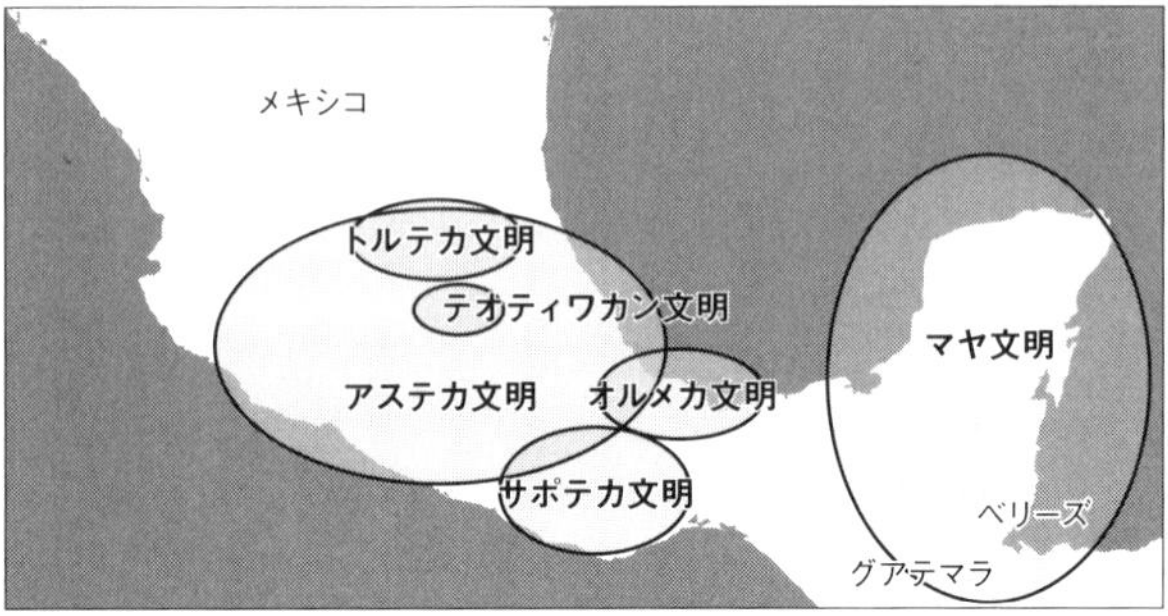

図2–2　中米に集中した古代アメリカ文明

文明とは成り立ちが異なるのだ。熱帯雨林や熱帯サバンナ、針葉樹林帯など、大河に面さない過酷な環境の中で文明が開花したのである。

通説では、文明は大河の流域に生まれるとされるが、それが正しかったなら、アマゾン川流域の熱帯雨林は不可能であったとしても、ラプラタ川沿いのアルゼンチンに文明があってても、おかしくなかったはずである。古代アメリカ文明のあり方が、他の文明圏から大きく逸脱することは、こうしたところからも読み取れる。

アフリカやユーラシア大陸とは大きく異なる作物が育てられたのも、そのためであろう。たとえば、アンデス山脈を原産地とするジャガイモの栽培は、紀元前1万年頃に始まった。

アステカ文明では、このジャガイモを乾燥させ、「チユーニョ（乾燥させたジャガイモ）」の形態で備蓄していたという。ジャガイモを保存食として活用することで、厳しい環境でも文明を維持できたのである。

ジャガイモは、やがてヨーロッパに持ち込まれ、特に三十年戦争（1618〜1648年）の時代にドイツで栽培が進んだ。戦争によって畑を踏み荒らされたとしても、収穫が可能であったからだ。

この他、トマトやトウモロコシ、キャッサバなど、アメリカ大陸原産の食料がヨーロッパに持ち込まれ、のちの世界の人口増加を支えるのに大きく貢献したことは、押さえておきたい。

日本列島への到達

台湾から琉球に移動した人たちを、すでに見てきたような太平洋を渡った人々の一部に加えてもいいだろう。台湾から九州にかけては約100の島々があり、これは琉球諸島と名づけられ、全長1200キロメートルに及ぶ。

人類進化の研究者である海部《かいふ》陽介氏によれば、沖縄の港川《みなとがわ》フィッシャー遺跡で1960

〜1970年代に発見された人骨は、港川人と名づけられた。彼らは、ジャワ島のワジャク人と似ており、ワジャク人は現在のアボリジニと似た集団であった。港川人とワジャク人が似ていたことは、港川人が東南アジアから太平洋諸島へと渡った人々と同じ集団であったことを示唆している。

海部陽介氏によれば、現在の日本列島に人類が到達したのは、3万数千年前であった。一般にホモ・サピエンスは3つのルートをたどって日本に到着したとされる。第1のルートは、氷河期のユーラシア大陸からの陸上ルートである。そのルートを使ったのは、ユーラシア大陸の東端からサハリンを通って北海道に南下した人々であろう。

第2のルートとしては、朝鮮半島から対馬《つしま》を経て九州に至るルートがある。このルートは、氷河期の間も完全に陸路とはならず、40キロメートルほどの海峡が存在していた。これを動物の皮を張ったカヤックのような船で横断したと考えられる。

第3のルートは、台湾から琉球諸島の島々を渡り、九州に至るルートである。すでに述べたように、台湾から海上ルートで移動した人々の少なくとも一部には、アボリジニと類似の特徴があった。

おそらく、アボリジニと日本人には共通の祖先がいたのであろう。似たような船をつくり、諸島間を移動して日本にたどり着いたとしても不思議ではない。これまでの研究では第1と第2のルートが中心だったが、現在は第3のルートからの捉え直しが進んでいる。

研究が進展すれば、日本の超古代史はまた新たな局面を迎えるはずである。それはまた、海上ルートによる人類移動の歴史のさらなる解明にも繫がる。成果を期待して待ちたい。

第3章　誰がヨーロッパ文明をつくったか

ギリシア文明はオリエント文明の一部に過ぎない

ヨーロッパ人は、古代ギリシアと古代ローマを合わせて「古典古代」と呼び、古代ギリシア語とラテン語を重要な古典語として学習する。彼らが「ギリシア文明」と、それを受け継いだ「ローマ文明」を、ヨーロッパ文明の源《みなもと》とみなしているからである。

一般に、古代ギリシアでは民主主義が発展したと言われる。確かに民会が開かれ、成人男性による直接選挙が行われていた。けれども、そこには奴隷が存在し、女性に参政権がなかったことは忘れるべきではない。

したがってフランスの中世史家として名高いジャック・ル・ゴフの「ギリシアの遺産としてはなによりも、民主主義（民衆の統治という意味）、都市国家の市民の法の前での平等、および公務参加の平等への希求があります」（『子どもたちに語るヨーロッパ史』前田耕作監訳、川崎万里訳、ちくま学芸文庫、２００９年、44頁）という言葉は、あまりに古代ギリシアを高く評価し過ぎていると言わざるをえない。

そもそも、ギリシアが本当にヨーロッパと言えるかどうかも疑問である。前3000年頃から、エーゲ海周辺にオリエント文明の影響を受けた青銅器文明が形成された。古代ギリシアでもっとも古いとされる、エーゲ文明である。エーゲ文明は、オリエント地域との海上交易を通して、次第に一つの文明圏を形成していった。とするならば、その後に成立したギリシア文明がオリエント文明の影響を受けなかったはずがない。

ギリシア文明は、あくまでオリエント文明の一部、その西端を形成していたに過ぎないと見ることもできよう。すなわち、ヨーロッパ文明の源は、ギリシア文明というより、オリエント文明であったというほうが、正確ではないかと考えられるのだ。

植民市建設に積極的だった理由

周知のようにギリシア時代の人々は都市国家＝ポリスを形成した。ポリス同士は対立することもあったが、彼らは、文化的な一体感を持っていた。

ギリシア語という共通の言語を用い、共通の神々を信じ、自らを「ヘレネス（英雄であるヘレンの子孫）」、異民族を「バルバロイ（野蛮人）」と言って軽蔑《けいべつ》した。そして、ギリシア人の血筋を持つ者の間だけで「オリンピック（オリンピアの祭典）」を開催した。これらはすでに排他的な選民意識を持っていたことの表れかもしれない。

ギリシアは、積極的に植民市を築いた（図3-1）。植民市とは、植民者が建設した都市のことであり、植民市建設は一種の移住政策であった。ギリシア人が植民市を築いた理由の一つは、穀物などの必要な物資が国内に不足していたため、国外に求めなければならなかったからである。

植民市として著名なものに、マッサリア（マルセイユ）、ネアポリス（ナポリ）、シチリア島のシラクサ、エーゲ海に面したミレトス、ビザンティオン（イスタンブル）がある。

ギリシアは、個々のポリスは小さかったものの、このように多数の植民市を持つ「帝国」であった。そして、この植民市建設という帝国主義的活動がきっかけとなって起こったのがペルシア戦争であった。

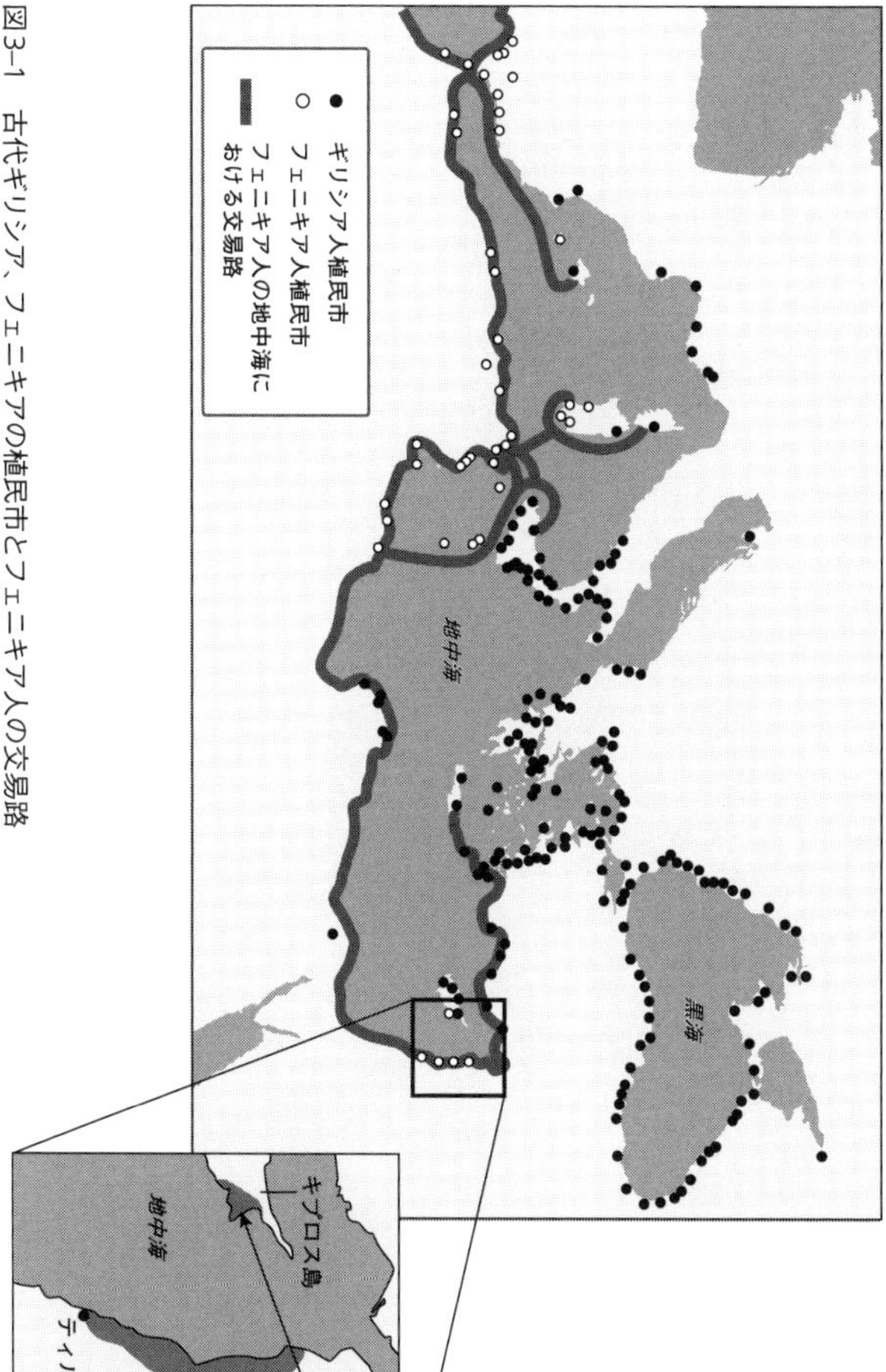

図3-1　古代ギリシア、フェニキアの植民市とフェニキア人の交易路

ペルシア戦争にギリシアは勝利したか

ペルシア戦争の基本史料は、「歴史の父」と言われるヘロドトスによる。ヘロドトスは、ペルシア戦争を「ギリシアのポリスが専制政治を行うアケメネス朝ペルシアから自由を守ろうとした戦いである」と位置づけた。

だが、現在ではこのような見解を持っている歴史家は少数であろう。ギリシアとアケメネス朝ペルシアという2つの帝国主義的な勢力の争いであったという意見が主流を占めている。

アケメネス朝ペルシアとは、図3-2に示されているように、現在のバルカン半島からインダス川に至る大帝国であった。そのようなアケメネス朝ペルシアに対して、イオニア地方（アナトリア半島南西部）のギリシア人植民市が反乱を起こし、それをアテネなどが支援したことが、ペルシア戦争のきっかけになった。

ギリシア側からの見方によれば、民主政によって団結を強めていたアテネ市民軍による重装歩兵が前490年のマラトンの戦いで、そしてギリシア連合軍が前480年のサラミスの海戦で、さらに前479年のプラタイアの戦いでペルシア軍を破り、戦争に勝利した

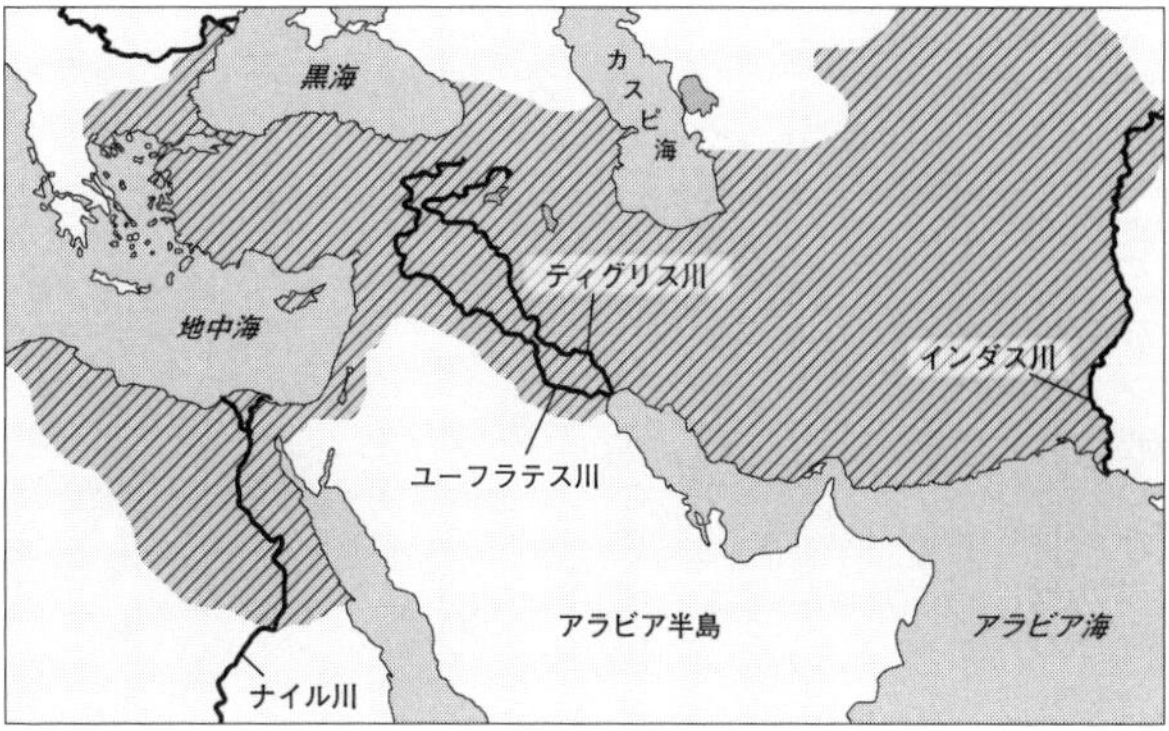

図3–2　アケメネス朝ペルシアの領土

とされる。

だが、アケメネス朝ペルシアという大帝国からすると、ペルシア戦争は大戦争というより、比較的小さな事件、いわば局地戦に過ぎなかったのではないだろうか。そもそも、ペルシアがギリシアと講和条約を結んだかどうかは、実際はっきりとしていないのだ。

一般に、戦争は講和条約が結ばれるか、あるいは戦争をしていた国のどちらかが滅亡するかしない限り、明確に終わったとは言えない。

ペルシア戦争では、前449年のカリアスの和約によりギリシアの勝利に終わったとされている。だが現在の研究では、この和約が現実に結ばれたかどうかに疑問が呈《てい》されている。

つまり、本当にギリシアが勝利したかどうか、もっと言えばペルシアがこの戦争をどれだけ重要なものとみなし、終結させようとしていたかはよくわからないのである。

ここで見逃してはいけないのは、むしろ代表的なポリスの一つであったアテネが、この戦争の結果、アケメネス朝ペルシアの脅威をうまく利用して台頭した事実であろう。

アテネは前478年頃にペルシアの再侵攻に備え、自らを盟主としたポリス同士の軍事同盟を結成した。デロス同盟である。本部はデロス島に置かれ、最盛期には200ものポリスが参加した。

だが、次第にアテネの支配が強まると、前454年に本部をアテネに移動させ、同盟の資金や軍事力を独占するようになった。アテネの横暴は、デロス同盟がペロポネソス戦争(前431〜前404年)で、スパルタを中心とするペロポネソス同盟に敗れるまで続いたとされる。

前5世紀中頃には、そのスパルタに代わってテーバイ(テーベ)がギリシアの盟主になったが、その覇権も短期間のものに過ぎなかった。前338年にマケドニアがテーバイとアテネの連合軍を破って、新たなギリシアの支配者となったからである。

ギリシア人が自らを「ヘレネス」と呼び、それ以外の人々を「バルバロイ」と蔑《さげす》んでいたことはすでに述べたが、マケドニアはポリスとして認められていたものの、「バルバロイ」と呼ばれていた。それはマケドニアが、ギリシアの辺境に位置していたからである。諸ポリスの統一が「バルバロイ」と呼ばれたマケドニアによって成し遂げられたのだから、皮肉な話と言えるだろう。

アレクサンドロス大王の遠征と「移民」

マケドニアが「バルバロイ」と呼ばれていたのには、ペルシア戦争の時に、ギリシアではなく、ペルシア側についていたことも影響していたかもしれない。

だが、それから100年以上経ち、マケドニアのフィリッポス2世は、今度はギリシアの支配者として、ペルシア遠征を計画した。その計画は、フィリッポス2世が前336年に暗殺されたため実現しなかったが、父の遺志を継《つ》いだ、子のアレクサンドロス大王によって実行に移された。

前333年のイッソスの戦いを皮切りに、ペルシア王ダレイオス3世の軍を次々と撃破し、ペルシア征服を成し遂げたのである。

アレクサンドロス大王は、その後も東征を続け、インダス川にまで至る大帝国をつくった。この一連の遠征は「アレクサンドロス大王の遠征」と呼ばれ、一般に「ギリシア・マケドニアの連合軍を率いてアレクサンドロス大王が行ったオリエント世界への遠征。アケメネス朝を滅ぼし、東西文化を融合させ、ヘレニズム時代をもたらした」とされる。

だが、第1章で触れたようにアレクサンドロス大王が遠征に使用した道の多くは、アケメネス朝ペルシアの公道であった。アケメネス朝ペルシアでは、中央集権化が進んでおり、「王の目」「王の耳」と呼ばれる行政官が国王によって任命され、地方の状況を国王に報告していた。帝国内には公道が張り巡らされ、その中でももっとも有名なのが、都のスーサから小アジアのサルデスに至る2500キロメートルにわたる「王の道」であった。

アレクサンドロス大王は、その道を利用して大軍を移動させ、前330年にアケメネス朝ペルシアを滅ぼしたのである。その後のインダス川までの移動も、あくまでもほとんどがアケメネス朝ペルシアの領内での移動に過ぎなかった。これらの道は、すでに述べたように、エラム人がインダス文明とメソポタミア文明を結ぶ商業ルートとして使用していたものが整備され、巨大化したものだったと考えられる。

アレクサンドロス大王は、ギリシアからオリエント世界にまたがる大帝国を形成したが、前323年にバビロンで熱病のために死ぬと、大王の個人的な能力によってどうにか統一されていた帝国は、やがて滅ぶことになった。

一方で、アレクサンドロス大王は、遠征の過程で自らの名にちなんだ「アレクサンドリア」という都市を各地に築いた。ギリシアから中央アジアへと移住する人たちも多かったはずである。

アレクサンドロス大王によって東西の文化が統合されたヘレニズム文明が誕生したという見方は現在では否定されているが、この遠征によって多くのギリシア人が移民として、この一帯に移り住んでいったこと自体は間違いない。なぜなら、当時のオリエントの経済・文物は、ギリシアよりも豊かだったからである。

帝国が誕生すると、文化的魅力に惹かれたり、高賃金が得られると期待したりして周辺の人々が帝国の中心へと移動する。ギリシア人の移民は、その事例の一つである。

むしろ、そうした人やモノの移動に伴って、ギリシア文明はオリエント文明の影響を大きく受けることになった。その意味でも、この時点ではまだ、ヨーロッパ文明はオリエント文明から分離していなかったと言えよう。

交易の民・フェニキア人の役割とは

ギリシア人と同じように、古代の地中海周辺で大きな役割を果たしたのが、フェニキア人であった。彼らもまた積極的に植民市建設活動を行い、大まかに言うとギリシア人は東地中海に、フェニキア人は西地中海に植民市を建設した。

フェニキア人については、エーゲ文明に属するクレタ文明（前２０００〜前１４００年頃）とミケーネ文明（前１６００〜前１２００年頃）が後退した後に地中海貿易で栄えた民とされているが、じつはあまりわかっていない。

だが、フェニキア人がセム系の語族に属し、海上交易に従事していたことは間違いない。フェニキア人の根拠地は、元来、東地中海南岸にあった。そこに生長していたレバノン杉を船材として用い、地中海の交易活動に進出していったと考えられている。

交易の民であったフェニキア人は、古代アルファベットを改良し、現在のアルファベットの原型をつくった。交易とは、単に言葉を交わすだけで完結するわけではない。使用言語の違う様々な民族と、文字によって意思を通じ合わせなければならない。そのためにアルファベットを改良したのだろう。

そのフェニキア人の商業ネットワークを少し前の図3-1に示した。フェニキア人が形成した地中海の商業ルートを見る上で重要なのは、東地中海を根拠地としたフェニキア人が、この地にティルスを首都として建設し、ティルスの植民市として、西地中海にカルタゴを建設したことである。

フェニキア人は、この両地中海の都市を中心に移住を繰り返すことで商業を拡大していった。表3-1は、ティルスが交易した主要な都市と、取引商品を記している。一般に、ティルスこそ、世界の多くの商品が集まった東地中海最大の交易都市であったとされる。

表3-1に書かれている通り、いくつもの都市からティルスに商品が輸入され、さらにティルスから再輸出された。じつに多くの商品がティルスを経由して、フェニキア人の船で各地に輸送されている。この時期にティルスなどに住むフェニキア人がペルシアと結び、勢力を伸ばしたためである。

地名	品目	地名	品目
タルシシュ	銀・鉄・錫《すず》・鉛	ダマスクス	ぶどう酒・羊毛
ヤワン（イオニア）	奴隷・青銅商品	デダン	乗馬用の粗い布地
ベト・トガルマ	馬・軍馬・ラバ	アブル/ケダル	羊・山羊
ロドス島	象牙・黒檀《こくたん》	シェバ/ラマ	香料・宝石・黄金
イスラエル／ユダ	小麦・きび・蜜・油・乳香《にゅうこう》（樹脂の一種）		

表3–1　各地からティルスに集まった商品
出典：『興亡の世界史 通商国家カルタゴ』（栗田伸子、佐藤育子、講談社学術文庫、2016年、63頁）

ティルスはいくつも植民市を持っていたが、先に触れたように、もっとも重要だったのは、西地中海のカルタゴであろう。

カルタゴが建設されたのは、現在のチュニジアに近い場所であった。前820年頃ないし前814年頃に建設されたと言われるが、前6世紀にはすでに西地中海で交易の中心となっていた。

その理由は、地中海を東西から見た場合、ほぼ中央に位置し、北アフリカからイタリアに至る地中海の南北路を押さえることができたからであり、アッシリアや新バビロニアの台頭によって、ティルスの商業が次第に衰退していったからであった。それに伴って、ティルスからカルタゴへと、フェニキア人の交易の中心都市が移動し、同時に多くの商人も移動したと考えられている。

大帝国へと成長する古代ローマ

ギリシアが都市国家にとどまったのとは対照的に、フェニキア人は領域国家を志向した。なお都市国家は、一つの都市とその周辺地域を単位とした国家で、領域国家とは、複数の都市とその周辺地域を含みこんだ国家のことを言う。

古代ローマもまた、自国領を拡大させ広大なローマ帝国を築いたが、ここから考えるなら、統治システムにおいて、フェニキア人がローマに大きな影響を与えた可能性は大いにある。

その時、モデルになったのはやはりカルタゴだろう。カルタゴは西地中海にまたがる広大な帝国を築いた他、イベリア半島にカルタヘナ、アルメリア、バレンシア、バルセロナなどの植民市を持っていた。

シチリア島では西半分を支配しており、東側のギリシア人植民市シラクサと激しく対立した。そして、シラクサが援軍を要請した先がローマであった。カルタゴと、シチリア進出の好機を得たローマとの戦いは、ポエニ戦争と呼ばれ、三度にわたって行われた。

前264〜前241年の第一次ポエニ戦争ではシチリア島が主な戦場となり、勝利したローマがシチリアを最初の属州とした。さらに、進出を強めたローマは、カルタゴからサルデーニャ、コルシカを奪うことにも成功した。

前218年からの第二次ポエニ戦争は、カルタゴの将軍ハンニバルが、アフリカゾウの部隊を率いてイタリア半島のローマ本土にアルプス山脈を南下して侵入したことによる。このカンネーの戦いで大勝したハンニバルは、それから14年間にわたり、イタリアにとどまってローマと対決した。

しかしカルタゴは、その勝利をうまく活かすことができなかった。ローマの将軍スキピオによって形成逆転を許し、カルタゴ近郊のザマの戦いでハンニバル軍が破れたことで再び敗北を喫《きっ》してしまうのである。

ローマはカルタゴに巨額の賠償金を課したが、カルタゴは商業によって莫大《ばくだい》な利益を得ていたため、容易に返済することができた。だが逆にこのことは、ローマに「カルタゴは滅ぼさなければならない強敵」だと、改めて認識させることに繋がったと言えよう。

第三次ポエニ戦争は、そんなローマが前149年にカルタゴの殲滅《せんめつ》を狙って起こしたものである。この戦争は前146年にローマがカルタゴを破壊し、滅ぼしたことで終結したが、町には火がつけられ、その火は17日間燃え続けたとされる。また、総人口50万人のうち、生き残った5万5000人のカルタゴ人が奴隷として売られたという。

こうしてヨーロッパはオリエントを忘れた

ポエニ戦争以降、ローマの領土は大きく拡大した（図3-3）。カルタゴが商業的に支配した地中海を、今度はローマが政治的に支配するようになったのである。

そこでは多くのローマの船が航行したが、すでに述べたように、この時にフェニキア人ないしはカルタゴ人が開拓したルートが活用されたことはほぼ間違いない。

ローマ帝国はアフリカ北岸を自国領にし、多くの奴隷をイタリア半島に運んだ。また、食料が不足していたため、アフリカの属州、特にエジプトから食料を輸送した。このルートはローマ人が開拓したものではなく、フェニキア人の流通網を使ったものだったと考えられる。

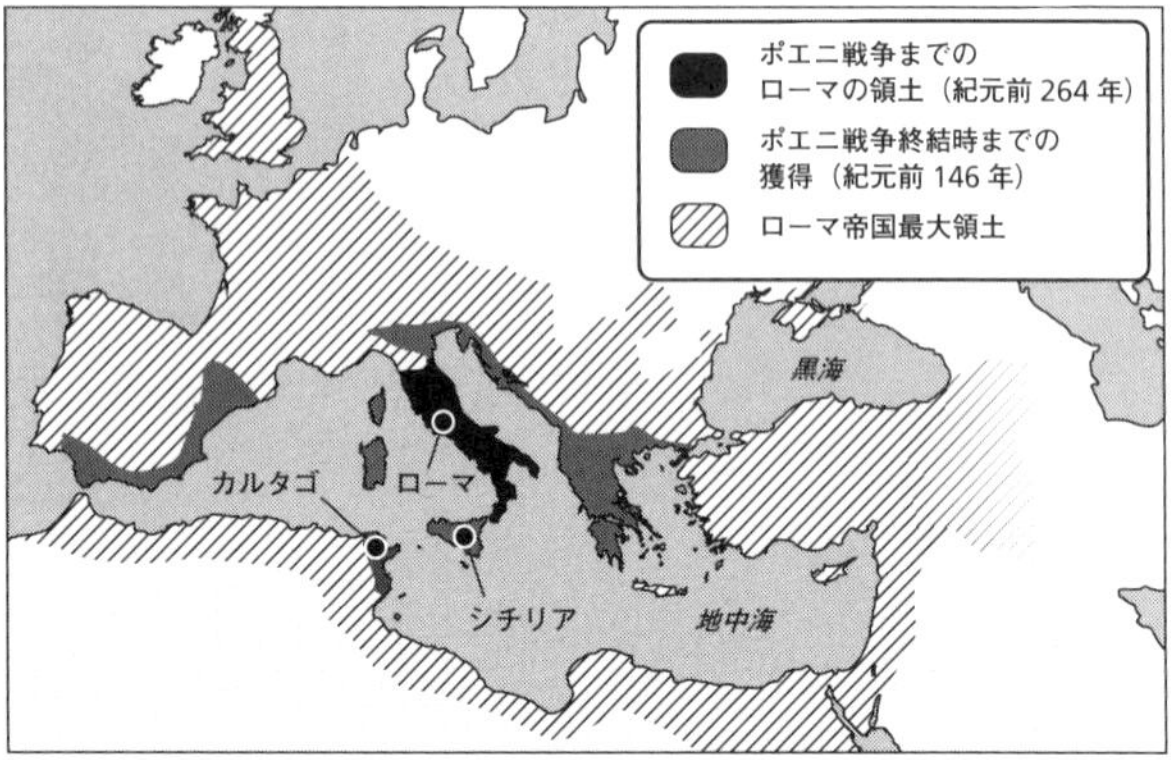

図3–3　ローマ帝国の領土拡大

食料が不足したのは、領土が拡大したために、首都ローマに多数の移民が押し寄せたからである。元来、市民権はローマ居住者の自由民のみに限られていた。だが212年、カラカラ帝の治世下で帝国内の全自由民にローマ市民権を与えるアントニヌス勅令《ちょくれい》が公布され、属州を含め、全自由民に（ラテン人でなくとも）市民権が与えられることとなった。

ローマほどの大帝国になると、異民族が移住してくるのを防ぐことは事実上不可能であっただろう。実際、ローマ帝国は次章で述べるように375年に大量のゲルマン人がドナウ国境を越え、領内に侵入するという事態を許してしまっている。

どのような時代においても、「帝国化」すれば、そこに移民が入ってくるのは避けられない。帝国は、本国と植民地に分かれる。植民地の人々は、より高い賃金を求めて本国へと移動する。あるいは、より高度な文明に憧れて本国に渡ってくる。それゆえ、「帝国化」と移民の流入は表裏一体の関係にあるのである。

都市国家がひしめく状態から始まったはずの地中海世界は、こうして大量の移民が流入する大帝国が支配する地域へと変貌した。見てきたように、その過程で古代ギリシア、古代ローマは、オリエントの人々やフェニキア人と密接な関係を持っていた。

いや、ヨーロッパ人はオリエントの人々やフェニキア人が築いてきたものをうまく取り入れることによって、やがてローマという強大な帝国をつくり上げたのではなかったか。

その過程で起こったアレクサンドロス大王の遠征は象徴的な事例である。また、今日では世界史におけるフェニキア人の重要性があまりに過小評価されているが、図3-1で示したように、地中海全域を一つの商業圏とし、物流を支配したのがフェニキア人だったことはおそらく間違いない。

のちのローマが、地中海を「われらが内海」とすることができたのも、フェニキア人が築き上げた物流網を利用することができたからである。おそらくローマが一からネットワークを築くのは不可能だっただろう。というのも、フェニキア人以前に、ヨーロッパに「航路」というものはほとんど存在しなかったからだ。

フェニキア人の恩恵を、ローマ人をはじめ、その後に続いたムスリム商人、イタリア商人は大きく受けることができた。さらにフェニキア人は、紅海から西回りでアフリカを周回した。ハンノという人物はアフリカ西岸まで航海したとされる。ヨーロッパがのちにこれほどの規模の航海をするのは、15世紀の大航海時代を待たなければならない。

ところが時代が下るにつれ、ヨーロッパは彼らのことを都合よく忘れていった。そして、ずっと昔から独自の文明を持っているかのごとく、錯覚してしまったのである。

第4章　遊牧民から文明の興亡を考える

世界史の主役としての遊牧民

ユーラシア大陸の端から少し離れたところに、2つの島国がある。西方はイギリス、東方は日本である。本章の試みは、最終的に古代においてイギリスと日本がどのように関係していたかを、「移民」の観点から説明しようとするものである。換言すれば、ユーラシア大陸を統一された空間として捉え、その歴史を叙述することで、両国との関係を明らかにしようというわけである。

さて、世界史の主役に遊牧民を据えることとは、日本ではモンゴル史の研究者である杉山正明氏によって提唱され、現在では、ほぼ市民権を得た考え方だと言っていい。いや、もはや遊牧民を考慮に入れない世界史を考えるほうが難しいとさえ言えるだろう。

遊牧民と言えば、我々はモンゴル帝国を一番に思い浮かべるかもしれないが、遊牧民の歴史は、それよりもっと昔に遡《さかのぼ》る。

前3000年頃に黒海北岸からカスピ海北岸にかけての地域の気候が乾燥化を始め、やがて広葉樹林地域から草原へと変化した。言うまでもなく、草原は農耕よりも放牧に適している。それが原因の一つとなって、遊牧民が誕生したと考えられている。

また、古代ユーラシア史を専門とする林俊雄氏によれば、ウラル山脈からカザフスタンにかけての草原地帯で、前2000年頃から前1700年頃にかけて二輪戦車に乗ったインド＝ヨーロッパ語族の軍団が、南方を脅《おびや》かしたという。

もっとも、彼らが馬に乗って長距離を移動していたかどうかまではわからない。現実に西アジアや地中海で馬に乗るようになったのは、どうも前10世紀頃のことだったようである。草原地帯で乗馬が開始されるのは、少し遅れて前9〜前8世紀頃のことであったらしい。

前9世紀中頃には、世界的に気候変動が生じ、半砂漠だった地域が草原になった。草原地帯が増えたことが、遊牧民が乗馬をするきっかけの一つになったと推測されよう。ともあれ、遊牧民は時に移動し、時に定住した。その意味で彼らは間違いなく「移民」であった。

スキタイ人、匈奴、フン人

最初の遊牧民は、スキタイ人だったと言われる。正確には、記録として残っている規模の大きな最初の遊牧民が、スキタイ人だったと言うべきであろう。

彼らは、前7~前3世紀頃にかけ、パミール高原西部からヴォルガ川までの黒海北岸に及ぶ草原地帯で活動し、最盛期は前6~前4世紀であったとされる。

スキタイ人はイラン系民族に属するとされ、西アジアのヒッタイト人をはじめとする諸民族から鉄器の製造を導入し、それを東方に伝えた。スキタイ人の存在は、ヘロドトスの『歴史』にも言及されている。スキタイ人は、アジアの遊牧民であり、やがてカフカス北岸から黒海北岸にかけての草原地帯に住み着いたのはほぼ確かである。

次に続く遊牧民としては、匈奴《きょうど》が挙げられよう。林俊雄氏によれば、匈奴が明確な形で歴史に登場するのは、始皇帝が中国を統一した時代であった。この頃に匈奴は部族が統一され、強力な国家になったのである。

そのことに脅威を感じた始皇帝は、将軍蒙恬《もうてん》に命じて、匈奴の勢力をオルドス地方（現在の中国・内モンゴル自治区南部）から追い出し、万里の長城を築いて鉄壁の守りを固めたとされる。

そのため匈奴は一時的に衰えたが、冒頓単于《ぼくとつぜんう》（在位前209～前174年）の下で、より強大な国家として復活した。そして漢の高祖との戦争で勝利すると、漢宗室の女性を公主（天子の娘）として妻とし、毎年一定の贈り物を贈らせるという屈辱的な和睦を結ばせた。

このように、遊牧民が肝心の国家に対し圧倒的な権力を持つことは、中国史では稀《まれ》ではなかった。それは、軍事面で優《まさ》っていたからである。

漢の兵士が、馬に乗らなかったわけではもちろんない。しかし、常日頃から馬に乗り慣れている遊牧民たちのほうが、この時代の主流であった騎兵戦を圧倒的に優位に進められたのである。

匈奴と漢の関係は、このように匈奴が強かったが、武帝（在位前141～前87年）の時代に、漢は攻勢に転じた。匈奴討伐のために、衛青《えいせい》、霍去病《かくきょへい》らの軍を派遣し、追い詰めたところを張騫《ちょうけん》の軍で挟撃するなど、度重なる討伐を行ったのである。かくして烏維《うい》単于（在位前114～前105年）の治世下で、匈奴は漢から人質を要求されるまでに衰退した。

紀元後1世紀の後漢の時代になると、匈奴は東西に分裂し、そのうち東匈奴は内モンゴルに残り、西匈奴は中央アジアのタラス川流域に移動した。東匈奴は漢と同盟し、前36年に西匈奴を滅ぼしたが、48年に南北に分裂したとされる。

また一説では、東匈奴はフン人になったと言われるが、これは確証された説ではない。しかし、ほぼ間違いないのは、東匈奴の移動が北アジアの遊牧民族であるフン人の移動に影響を与えたことである。

草原地帯の遊牧民の移動範囲は非常に広く、時として現在のヨーロッパにまで移動していた。そのため彼らの移動は、ユーラシア大陸の東西、すなわちアジアとヨーロッパに同時に大きな影響を及ぼした。

「ゲルマン民族の大移動」はなぜ起こったか

有名なゲルマン民族の大移動の中心とされるゴート人は、もともとバルト海南部に住んでいた。だが、南下して黒海沿岸部に移り住む過程で東西ゴート人へと分かれた。

このうち東ゴート人は、先に黒海沿岸部に住んでいた遊牧民のスキタイ人を滅ぼした

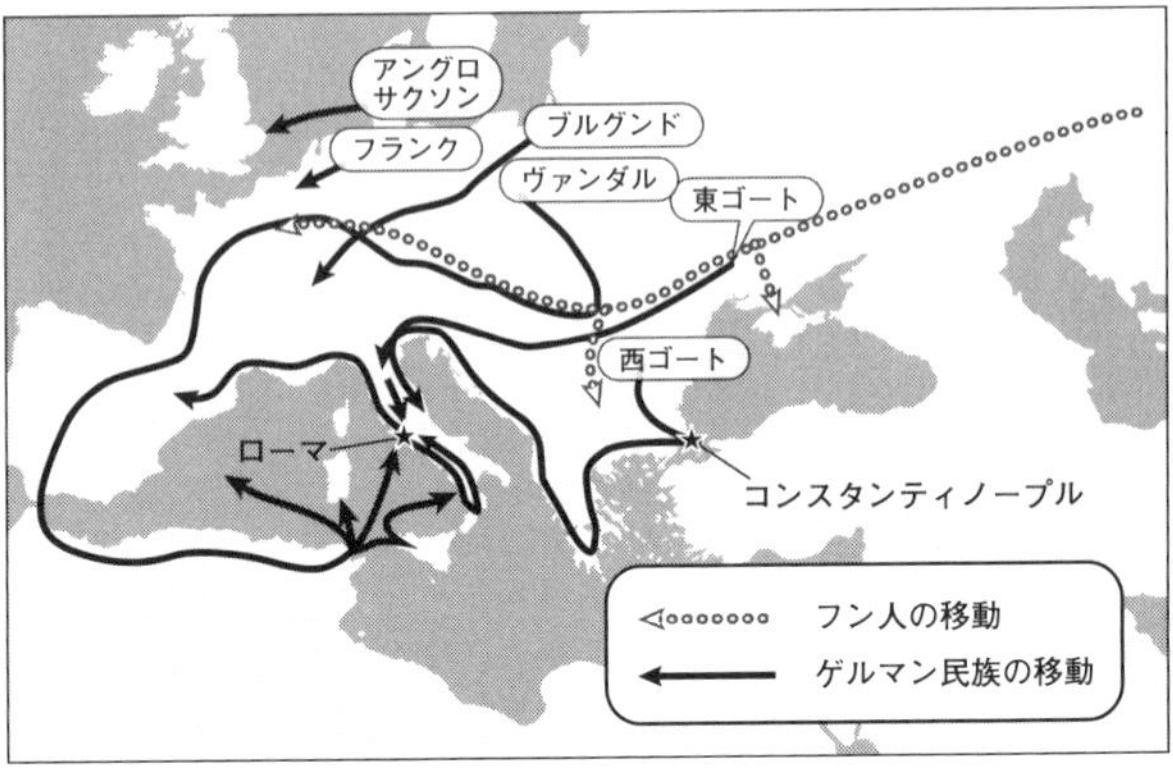

図4–1　フン人とゲルマン民族の移動

が、この時はやがて別の遊牧民に支配されることになるとは思ってもいなかっただろう。その遊牧民とは、先に述べたフン人であった。

東ゴート人は、東匈奴の移動に伴って西方に移動してきたフン人によって支配された。そして375年、そのことを脅威に感じた西ゴート人がドナウ川を越えてローマ帝国領に侵入したことから始まったのが、ゲルマン民族の大移動である。

ゲルマン民族の大移動の直接のきっかけをつくったフン人の帝国は、中央アジアのステップから現在のドイツにまで広がっており、アッティラ王（406〜453年）の治世下で最盛期を迎えたものの、その死によって急速に衰退し、崩壊した。

フン人の帝国は、国家といっても国家機構が整っていたとは言えず、個人の強力なリーダーシップによって成り立っていたので、そのようなリーダーがいなくなると容易に崩壊してしまったのである。

一方、大移動をしたゲルマン民族は、西ゴート人がイベリア半島、東ゴート人がイタリア、ブルグンド人が南西フランス、フランク人が北西フランス、アングロサクソン人がブリテン島に国家を立てた。また、ヴァンダル人はイベリア半島から北アフリカに入り、カルタゴの故地に建国した。

ここで押さえておきたいのは、ユーラシア大陸から少し離れたブリテン島にアングロサクソン人による国家が建国されたことである。

ブリテン島は前55年のユリウス・カエサルの侵攻以降、ローマによって支配されていたが、民族の大移動によってローマ帝国が弱体化したため、軍が撤退していた。アングロサクソン人は、その機会を逃さず先住民ブリトン人を征服したのである。

イギリスがアングロサクソン人の国だというのは、ここに由来するわけだが、それをもたらしたきっかけは遊牧民の移動だった。フン人なくしてイギリスなし、と言えよう。

渡来人はなぜ日本にきたか

反対側の中国に目を向けると、匈奴に滅ぼされた民族の一つに、東胡《とうこ》があった。東胡の中で、烏丸《うがん》山に逃れた部族が烏桓《うがん》、鮮卑《せんぴ》山に逃れた部族が鮮卑となったと言われる。そして鮮卑は、匈奴とともに中国史における五胡十六国時代（304〜439年）の五胡（匈奴・鮮卑・羯《けつ》・氐《てい》・羌《きょう》）の一つであった。

中国は何度も北方遊牧民の侵入を許しているが、それによって大混乱した時代の一つが、この五胡十六国時代である。

中国では、184年に黄巾《こうきん》の乱が起こると、魏《ぎ》・呉《ご》・蜀《しょく》が鼎立する三国時代となり（後漢は220年に滅亡）、それは280年の西晋《せいしん》による統一まで続いた。しかし西晋が316年に滅亡すると、再び中国は分裂の時代となる。これが五胡十六国時代であった。

439年に北魏が華北を統一して五胡十六国時代が終わっても混乱は続いており、それは隋《ずい》が中国を統一する589年まで収まらなかった。そして隋もまた長続きせず、中国がようやく安定の時代を迎えるのは、618年の唐による統一を待たなければならなかった。

言い換えるなら、184年の黄巾の乱から618年の唐の建国まで、中国は北方の遊牧民侵入を主要因とする混乱の時代が続いたのである。

そうした視点で日本を見てみると、日本には大まかに言って4回、多くの渡来人がやってきた。それは、①前5〜前3世紀、②4〜5世紀、③5世紀末〜6世紀、④7世紀後半であった。

①前5〜前3世紀は、基本的には戦国時代であった中国の混乱のため、渡来人が来たと考えるべきであるが、最後の頃には遊牧民によって中国を追い出された人々の一部が、日本に渡って来たのかもしれない。

②4〜5世紀は、ヨーロッパにおいてはゲルマン民族の大移動の時期であり、中国においては、五胡十六国時代である。したがって、遊牧民の移動により、渡来人が来日した可能性は非常に高い。

同様のことは、③5世紀末〜6世紀、④7世紀後半についても言える。③の時代には、まだ隋は中国を統一しておらず、混乱の続く時代であった。④の時代は、朝鮮半島で百済《くだら》や高句麗《こうくり》が唐によって滅ぼされ、この2国から多くの渡来人が日本に移動した。

こうして考えるならば、遊牧民の移動をきっかけに、ユーラシア大陸における人々の流動性が高まり、その影響が日本にまで及んだと見るのは、十分に理にかなっていよう。

ユーラシア大陸を支配したモンゴル帝国

時代が少しずれるが、遊牧民が世界史に大きな影響を与えた事例と言えば、やはりモンゴル帝国に触れないわけにはいかない。

モンゴル帝国は、1206年にチンギス・ハンによって建国され、その後、急速に拡大し、ユーラシア大陸の中央部に位置する大帝国になった。

モンゴル帝国は非常に多くの戦争をしたが、ユーラシア規模の領土を有するようになると、状況は大きく変わった。チンギス・ハンの孫に当たるフビライ・ハンが1267年から26年間かけて大都《だいと》（現在の北京）を首都として造営し、1271年に国号を元に改めたのである。

その前の1266年には、フビライの即位に反対したオゴタイ・ハン国のカイドゥが、不満を持つ人々を集めて起こしたカイドゥの乱が生じている。この反乱は1301年まで続いたが、カイドゥ率いる大軍が敗北し、その後カイドゥが死亡したため終結した。

これにより実現したのが、「タタールの平和」であった。元の支配によってユーラシア大陸のかなりの部分が安定することになり、東西の交流が盛んになり、商業が活発になったのである。

東西貿易においては、色目人《しきもく》と言われた西方出身の人々が活躍し、広州や泉州では、ムスリム商人が南アジアやインド洋方面との南海貿易に従事したという。

そもそも経済成長を起こすには、国家は道路をはじめとする交通網を整備する必要がある。これらは、経済学で言う公共財に属し、すべての人々が利益を得ることができる。

フビライ・ハン

しかし、そこから得られる利益は直接的なものではないので、公共財の供給は私企業ではなく、政府が行わなければならない。モンゴル帝国はこれをきわめて効率的に行った。また、通商路の安全を重視し、その整備や治安の確保に努めたのである。

さらに、画期的だったのは駅伝制の導入である。駅伝制は、モンゴルではジャムチと呼ばれた。ここではフビライ・ハンの頃の駅伝制について説明しよう。

まず大都を中心とする主要道路に沿って、10里ごとに站《たん》（駅）を置いた。そして宿駅には100戸の站戸《たんこ》が属し、官命で旅行する官吏《かんり》・使節などに人馬や食料を提供させた。

站戸は、必要な物資を供給するだけではなく、人を提供して世話をすることも義務づけられていた。站戸は差役と一部の地租を免除されてはいたが、馬の提供もしなければならず、その経済的負担は大きかったという。

このような駅伝制は、首都の大都を中心にユーラシア規模で整備された。帝国内の交通が安全かつ便利となり、ムスリム商人の隊商による陸路貿易が盛んになったのは、またマルコ・ポーロが大都に来ることができたのは、このように駅伝制が発展していたからに他ならない。

駅伝制は、20世紀にシベリア鉄道が開通するまでは、ユーラシア最速の情報伝達システムであったとさえ言われている。モンゴル帝国の支配者たちが、商業活動、さらには情報伝達の重要性をどれほど認識していたかわかっていただけよう。

黒死病流行の原因はモンゴル帝国？

もっとも、東西交流の活性化がもたらしたのは、いいことだけではなかった。大きな惨劇ももたらした。それはヨーロッパの黒死病の流行である。14世紀中頃にヨーロッパでは黒死病と呼ばれる伝染病が流行し、人口の3分の1、場合によっては3分の2が死亡したとさえ言われる。

黒死病の名称は、発病すると最後は体中に黒い斑点《はんてん》ができて死んでしまうことに由来しており、正体はペストであったとされる。ペストは、齧歯《げっし》類が持つ全身性の感染症であり、菌を媒介するノミに人間が刺されることで伝染した。

この黒死病は、中央アジアから広がったと考えられている。1347年に黒死病はコンスタンティノープルから地中海各地に広がって、マルセイユ、ヴェネツィアに上陸。1348年にはアヴィニヨン、フィレンツェ、ロンドンに拡大し、翌年には北欧からポーランドに、1351年にはロシアにまで達した。

黒死病は、現代のどの伝染病よりも速いスピードでヨーロッパに広がった。そのため、様々な理由が議論されているが、ヨーロッパと中央アジアがモンゴル帝国の交易ネットワークによって、密接に結びつけられていたのは、大きかっただろう。もしモンゴル帝国が「タタールの平和」を実現していなかったら、ユーラシア大陸の交易ネットワークの広がりはなく、ヨーロッパにまで黒死病が広まることはなかったかもしれない。

遊牧民は、通常ユーラシア大陸のほぼ中央部に位置する地域にいる。少なくとも、西側や東側に寄りすぎた地域には住んでいない。しかし、彼らがひとたび移動したなら、その影響が甚大であったことは歴史が物語っている。

匈奴はもしかしたらフン人と同じ民族かもしれず、フン人の移動はヨーロッパ全土でゲルマン民族の移動を引き起こした。そして、ゲルマン民族の大移動は、西ローマ帝国（ローマ帝国はテオドシウス帝が死去した395年に、コンスタンティノポリスを首都とする東ローマ帝国と、メディオラーヌムを首都とする西ローマ帝国に分離した）の滅亡をもたらし、アングロサクソン人の国家ができるきっかけとなった。

東アジアでは中国を大混乱に陥《おとしい》れ、日本に渡来人がやってくる原因をつくった。そして時代が下り、伝染病の流行という形で、再びヨーロッパに非常に大きな影響を与えた。

これらは別々のことだと考えられがちだが、ユーラシア大陸を、遊牧民を主役とした一つの空間として捉えれば、すべてが結びついてくる。本章の初めに、遊牧民を考慮に入れない世界史が考えられないと述べたのは、このように遊牧民という「移民」によって、世界史が動かされてきたからなのである。

第2部 世界の「交易」はいかに結びついたか

第5章　ヨーロッパを包囲したムスリム商人

台頭するイスラーム

４７６年の西ローマ帝国崩壊によって崩れたヨーロッパ人による古代地中海の制海権を回復したのは、ビザンツ帝国（東ローマ帝国）の皇帝ユスティニアヌス1世であった。ユスティニアヌス1世は、ヨーロッパとアフリカの西側の地域を再征服し、それによりローマ帝国を再興したと言われる。しかし7世紀になると、その統一を再び脅かす勢力が現れる。それはイスラーム勢力であった。

イスラーム教の開祖ムハンマドは５７０年頃に、アラビア半島西岸に位置するメッカ（マッカ）のクライシュ族の大商人であったハーシム家に生まれた。彼は40歳頃から、神の声を聞くようになると、自らを「最後の預言者（神の言葉を預かり、人々に伝える者）」とした。そしてメッカの人々にアッラーを唯一の神として崇拝し、神の恩寵《おんちょう》に感謝し、それに対して善行を行う義務を説いたのである。

しかし伝統的な多神教が優勢だったメッカでは、ムハンマドの教えは人々には受け入れられなかった。むしろ、信者たちは迫害を受けた。そこでムハンマドはメッカでの布教を諦め、622年に彼らを支持する人々が住むメディナ（マディーナ）にヒジュラ（聖遷）し、イスラーム教を成立させたとされる。

ムハンマドの教えは、瞬《また》く間に広まった。ムハンマドが632年に亡くなってからも、イスラーム勢力の台頭には目を見張るものがあった。世界史において、7世紀とはイスラームの世紀であったと言っていい。

正統カリフ時代からウマイヤ朝へ

図5-1には、正統カリフ時代（ムハンマドの後継者たちがイスラーム教の最高指導者であるカリフの地位についた632〜661年）からウマイヤ朝（ウマイヤ家が代々カリフを世襲した661〜750年）にかけてのイスラームの領土の拡大が示されている。

イスラーム勢力が、急速に勢いを伸ばしたことで、ギリシア人やフェニキア人、さらにはローマ人によって完成した地中海のヨーロッパ人による制海権はもはやなくなった。西

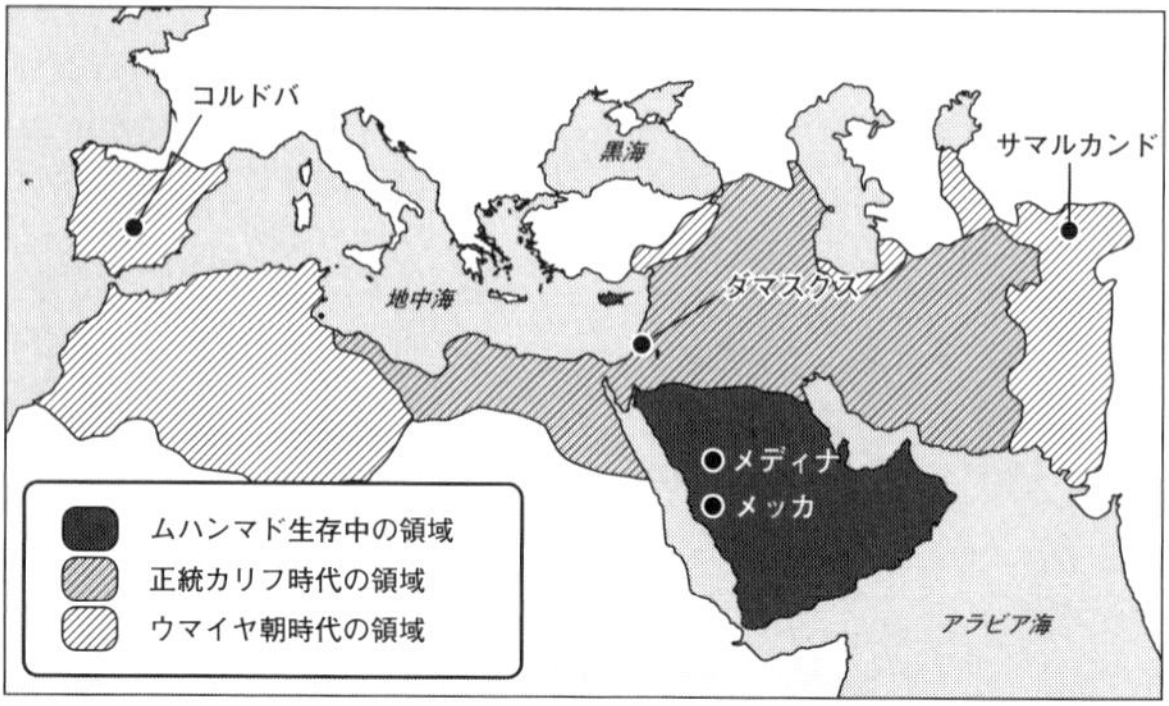

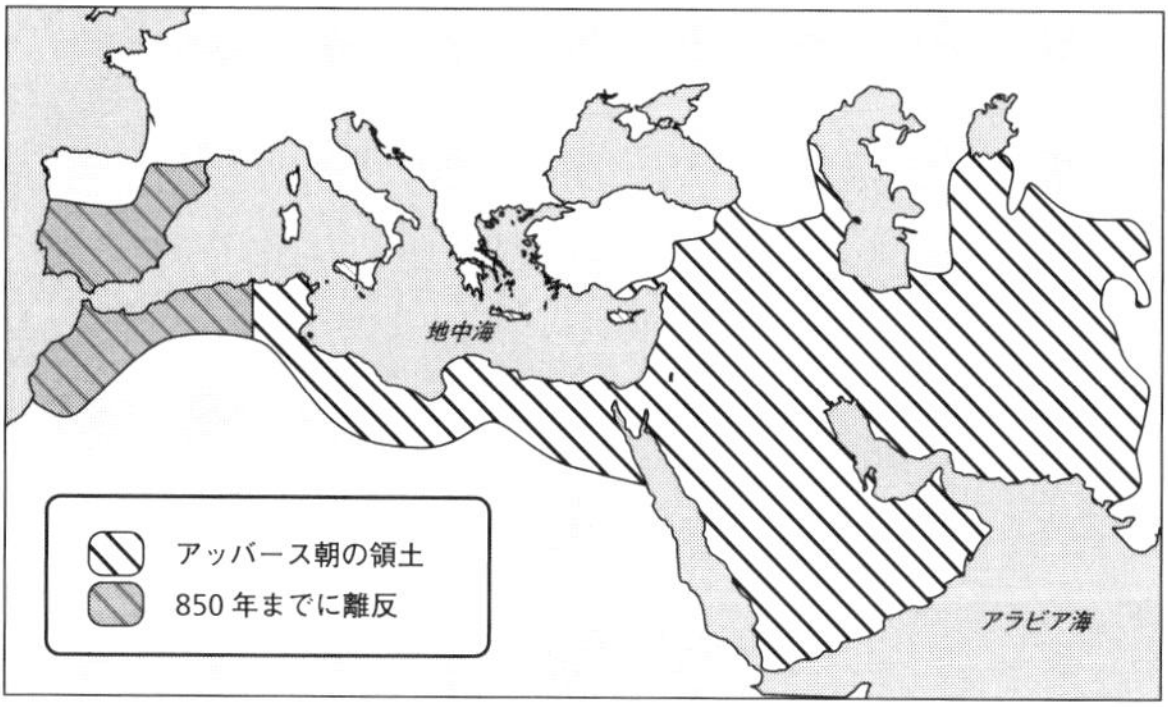

図5–1　イスラームの領土拡大

アジアやアフリカ、さらにはヨーロッパにまで、アラブ人がどんどん移住したからである。

この時代のイスラーム勢力の拡大とは、アラブ人の移民の拡大を意味する。すなわち、これらの地域はおおむねアラブ人によって支配されることになり、「イスラームによる平和(パックス=イスラミカ)」が実現したのである。

正統カリフ時代にイスラーム勢力が勢いを伸ばしたのは、ムハンマドの時代とは異なり、部族的な結びつきが否定され、人間の平等が説かれたからであった。だからこそ、その教えは広く受け入れられ、イスラーム勢力は急速に発展することになった。

しかしその平等はあくまでもアラブ人に限られており、ウマイヤ朝の頃にはイスラーム教に改宗した人々であってもアラブ人でなければ、「ジズヤ(人頭税)」や「ハラージュ(地租)」を支払わなければならないという差別が公然となされた。

聖典であるクルアーンでは、すべてのムスリムは平等だとされているにもかかわらずである。人々の間でウマイヤ朝の支配に対する不満が高まったのも、当然のことと言えよう。

「アッバース革命」という転換点

この状況を大きく変えたのが、「アッバース革命」であった。ムハンマドの叔父に当たるアッバースの子孫が、ウマイヤ朝を打倒し、750年にアッバース朝（〜1258年）を興《おこ》したことをアッバース革命と言う。

アッバース朝になって、イスラームはそれまで以上に大きく躍進した。それはアッバース朝が、アラブ人の特権を否定し、ムスリムであれば非アラブ人もジズヤを支払う必要がないとしたからである。

換言すれば、正統カリフ時代とウマイヤ朝があくまでも「アラブ人」のイスラーム王朝であったのに対し、アッバース朝は、アラブ人の王朝からすべてのムスリムの王朝へと変貌したのである。歴史家が、これを「革命」と呼ぶのはそのためである。

アッバース革命によって、イスラームとはアラブ人の宗教から、民族に関係がない世界宗教へと変わった。そしてイスラームの領土のさらなる拡大に伴って、多くの現地の人々がムスリムへと改宗した。

こうして出来上がったのが、ムスリムによるヨーロッパから中央アジアに至る商業の一大ネットワークである。

イスラーム商業史を研究する家島彦一《やじまひこいち》氏によれば、アッバース朝時代になると、ペルシア湾を通って、広大なインド洋の周縁や島嶼《とうしょ》部と結ばれた海上輸送と貿易活動が盛んになったという。

そこではムスリムだけではなく、キリスト教、ユダヤ教、ゾロアスター教などの種々の宗教・宗派の集団が協働し、東アフリカ、南インド、東南アジア方面に進出した。こうした文化の異なる商人による広大なネットワークは、「異文化間交易圏」と呼ばれる。

アッバース朝時代のイスラーム世界は、西アジアの諸都市を中心にして、西は大西洋岸のイベリア半島、モロッコ、地中海沿岸、東は中央アジア、イラン、シント（インダス川流域）、グジャラートなどの諸地方を周縁とする巨大なネットワークを形成したのである。

8世紀半ばから10世紀半ばまでの約200年間は、その中心に位置するバグダードがイスラーム世界の文化的シンボルとして、また富の源泉として、周縁地域に強く意識されていく過程であった。

家島氏によると、この時期のインド洋海域世界はバグダードと直結しており、熱帯・亜熱帯の諸地域で産出される様々な商品（香辛料、薬物類、金、鉛、錫《すず》、宝石類、木材、米、豆類、熱帯産果実、動物皮革、象牙、家畜、繊維原料）を大量に提供し、その代償として、西アジアと地中海沿岸部の諸都市で生産・取引された衣料品、敷物類、金属製品、陶器、ガラス容器、装身具、金銀貨幣、武器類、さらには他地域からの中継品などを獲得した。

これらの商品を輸送するのはバグダードに位置する商人であり、彼らがインド洋、さらには地中海にまで移動し、商業を行った。

ヨーロッパでは、アッバース朝のほうが経済的に強かったので、地中海の商業ネットワークは、イスラーム勢力に取り込まれ、そこではキリスト教徒とムスリムという2つの宗派の商人が、協働して商業を行った。

つまり、この時代のヨーロッパは、バグダードを中心とするネットワークの一部を形成していたと考えるべきであろう。広大な異文化交易圏の一部に過ぎなかったのである。

「商業の復活」は大きな誤り

もっとも、ベルギーの著名な歴史家アンリ・ピレンヌは、「商業の復活」という概念を持ち出し、次のような見方をしている。

イスラーム勢力は11～12世紀から徐々に地中海を退き、北海やバルト海でもヴァイキングによる掠奪《りゃくだつ》（これについては次章で述べる）が終焉《しゅうえん》を迎えたため、ヨーロッパに平和が訪れた。

それによって、北イタリアのヴェネツィアやジェノヴァなどの商人による東方貿易（レヴァント貿易）が活発化し、香辛料などが豊富にヨーロッパにもたらされるようになった。

しかも、この北イタリアの商人たちは、フランドルを中心とする北ヨーロッパの諸都市とも交易を開始したため、内陸交通路が発達し、フランス北東部のシャンパーニュで大市が開かれるようになるなど、内陸の貨幣経済が活性化した。こうして都市部では人口が増加し、ヨーロッパの商業が復活したというのである。

アンリ・ピレンヌ

このようにピレンヌは、ヨーロッパ史において、イスラーム勢力をまるで悪者のごとく捉えている。また、ヨーロッパ経済の大きさを過大評価している。

「商業の復活」とは、ヨーロッパ側から見れば、西欧内部の商業活動が活発になったために生じたということになるであろう。だが先に見たように、現実にはヨーロッパはイスラーム商業圏から大きな影響を受けていたのであり、その一部を形成していたに過ぎない。

世界史的に見れば、「商業の復活」とは、アッバース朝の商業ネットワークの中で、西欧経済が発展したことを意味する。すなわちピレンヌは、ヨーロッパがアッバース朝に囲まれた比較的小さな商業空間であったことに気づいていなかったのである。

世界中に移り住んだムスリム商人

たとえばイタリアは、それ以前からレヴァント（地中海東岸）ルートで香辛料貿易を行っており、それによって莫大な利益を得ていたという反論があるかもしれない。

確かに南アジアのモルッカ諸島でとれる香辛料は、総量は不明であるが、すでに古代ローマ時代に、エジプトのアレクサンドリアを経て、地中海に送られていた。このルートは11世紀になってからも使用されており、インド洋から紅海を経て、アレクサンドリアに送られ、さらにそこからイタリアに輸送されていた。香辛料貿易でイタリア商人は、大きな利益を獲得していたのだ。

しかし、これについては、イタリア商人の輸送するルートが、アレクサンドリアからイタリアないし地中海にほぼ限定されていたという事実に目を向けるべきであろう。

ヨーロッパが輸入した香辛料は、一般に香辛料生産全体の30パーセント程度と推測されている。これを多いと捉えるか、少ないと捉えるかは難しいが、いずれにしてもアジアから輸入しなければならなかったのは事実である。そして輸入の多くの部分は、アジアの商人、中でもムスリム商人によって担われていた。

この時代、香辛料の生産地はかなり限られていた。胡椒《こしょう》はインドの東岸のマラバール海岸や東南アジアのスマトラ島などの比較的広範な地域でとれたが、肉ズク（ナツメグ）はモルッカ諸島の南のバンダ諸島でしかとれず、丁字《ちょうじ》（クローブ）はモルッカ諸島のテルナテ、ティドレ島など、五つの島でしか産出していない。

これらの香辛料はやがてインドに送られ、そこから図5-2のように、ペルシア湾を経て、アレクサンドリアからイタリアに送られた。この図を見れば、全ルートの中で、イタリアが独自に担った部分の小ささが理解できよう。残りの大部分は、ムスリム商人のルー

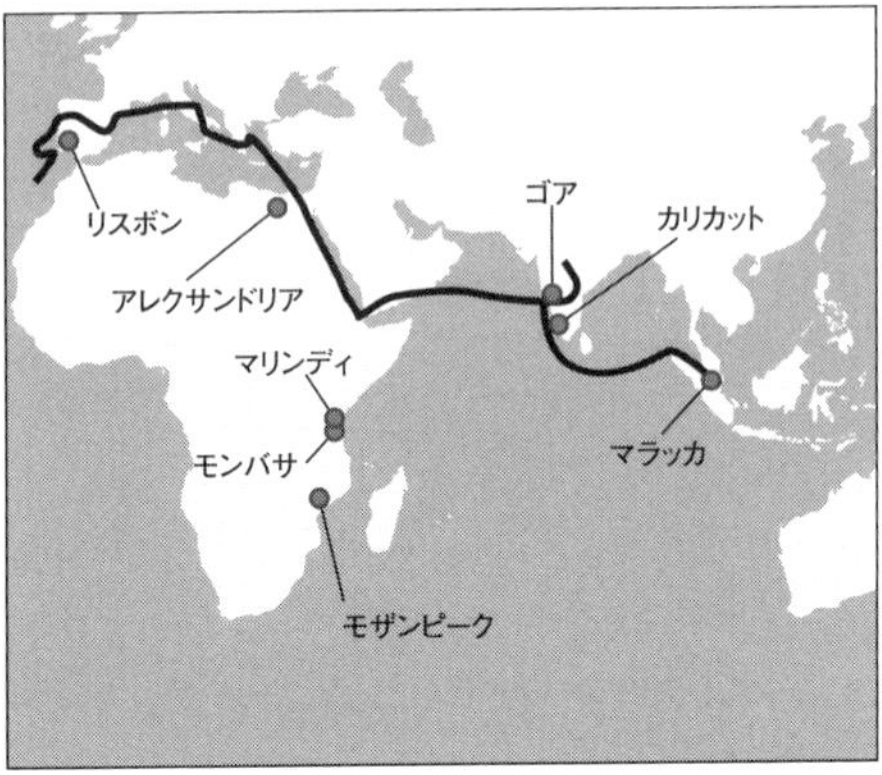

図5–2　香辛料貿易のルート

トであったと想像されるのである。

ムスリム商人は、すでに述べたように、世界のあちこちに移住した。インド洋に面する諸都市、東南アジア、さらにはアフリカである。同時代のヨーロッパのキリスト教徒と比較すると、ムスリム商人がはるかに大きく移動したのがわかる。

重要なのは、ムスリム商人が築いた商業ネットワークが、ヨーロッパを取り囲んでいたことである。そのような「イスラーム包囲網」から逃れるには、アフリカの西岸を通る以外に方法はなかった。それがきっかけとなり、やがて大航海時代が到来するのだが、このことは第7章で詳しく述べることにしよう。

第6章　商業の民として活躍したヴァイキング

北の海を統一したのは誰か

ヨーロッパは南を地中海に、北を北海、バルト海に囲まれている。ここまで地中海での商業の変遷について詳しく見てきたが、北海とバルト海の商業で重要視したいのはヴァイキングである。

ヴァイキングは一般に「掠奪者」として知られている。しかし現在の研究では、ヴァイキングはただの掠奪者ではなく、広域で交易を営んだ人々であったことがわかっている。

そもそも掠奪と交易を厳密に区別することなど、中世においては不可能なのである。しかも近年は、ヴァイキングが建設した都市的遺跡がスカンディナヴィア半島のみならず広く発掘されるようになり、彼らが様々な場所を拠点として交易を行っていたことがますます明らかになってきた。

具体例を挙げよう。スウェーデンのストックホルムの西方約30キロメートルに位置するビュルケ島に、ビルカという町があった。ビルカは、ヴァイキングの交易拠点として知られる。

その他にもデンマークのユトランド半島のつけ根のところにあるヘゼビュー（ハイタブ）、イギリスのヨーク、アイリッシュ海のダブリン、フランスのルアンなどが都市的集落として知られ、交易拠点だったことが考古学的発掘調査により確認されている。

このように、ヴァイキングの交易網は非常に広かったのである。私は、ヴァイキングを「北のフェニキア人」と呼んでいる。北海とバルト海からなる周辺の地域を一つの交易圏として統一したのは、ヴァイキングであった。また、彼らは後で見るように、新世界にまで進出していたのである。

ともあれヴァイキング時代のスカンディナヴィア社会は、こうした都市を拠点とした、高い経済的・社会的流動性を持っていた。この事実が見落とされ、ヴァイキングが掠奪者としてのみ認識されてきたのは、歴史家が彼らによって領土を奪われた人々の史料を使って解釈してきたからである。

13世紀のアイスランドで書かれた『エギルのサーガ』は、ヴァイキングでありアイスランドの農場主でもあり、さらに祖父はノルウェーの農夫だったエギル・スカラグリームスソンの生涯を描いたものであるが、そこでは、ヴァイキングは「ときには交易者で、ときには侵略者」であると表現されている。

そもそも、掠奪だけで大きな社会が維持できるはずもない。彼らは掠奪も行っていたが、基本的には交易によって生活した人々だと、当然考えるべきなのである。

本章では、ヴァイキングが北ヨーロッパの諸地域にどのようにして移住し、商業に従事し、ヨーロッパ世界の拡大に貢献したのかについて見ていきたい。

拡大するヴァイキングの商業圏

第5章で述べた通り、イスラームの勢力が7世紀から急速に拡大し、762年にバグダードがアッバース朝の新首都になると、イスラームの長距離貿易ネットワークが完成することになった。

ヴァイキングはその中で仲介者として、北ヨーロッパを中心に活躍したと考えられている。彼らは、バルト海からヴォルガ川を通って黒海、そしてカスピ海へと東方に移動しながら毛皮や奴隷を輸送し、川沿いの諸市場で販売する見返りに、近東や中央アジアから香辛料、絹、武器、甲冑、そして銀貨を手に入れ、北海・バルト海沿岸へと流していた。アッバース朝のさらに東部辺境に位置するサーマーン朝とも取引をしていたとされる。

このように地中海のみならず、北ヨーロッパにおいても、イスラーム・ネットワークによる異文化間交易が盛んになり、ヴァイキングはその中で北海・バルト海商業圏を移動する商人としての地位を高めたのである。

ヴァイキングはある面、第4章で扱ったモンゴル帝国の人々と似ているかもしれない。モンゴル帝国が戦争ばかりしていたわけでないことはすでに述べたが、ヴァイキングも決して掠奪だけに従事していたわけではない。

繰り返しになるが、この時代の掠奪と商行為は、明確には区別できない。さらにまた、掠奪者として恐れられるというヴァイキングのイメージは、戦争で負けた側の史料からつくられたものである。

モンゴル人は陸路で、ヴァイキングは海路で移動することが多かったが、いずれも商業活動に積極的に従事した「移民」だったのである。

イングランドを征服したノルマン人

ノルマン人は、他のヴァイキングと同一の人々だとみなされることもあり、明確に分離して捉えることは困難であるが、様々な地域に侵略したことで知られる。

たとえば、1066年にイングランドを征服し、ノルマン朝を開いたことから「ウィリアム征服王」と呼ばれた、アキテーヌ公ギヨーム（ノルマンディー公ウィリアム）が有名である（この一連の征服を「ノルマン征服《コンケスト》」と言う）。

とはいえ、先に述べたように掠奪と交易が不可分のものであったとすれば、ノルマン人による征服は、彼らの交易活動の広がりを意味するはずである。

図6-1は、ノルマン人の征服地とそのルートを示している。この図から、ノルマン人は主として海上ルートで、時には陸上ルートを用い、ヨーロッパのいくつもの地域に移動したことが理解されよう。

ノルマン人は、北方の海から、海上ルートで地中海へと侵入した。じつはこのルートは、のちに北ヨーロッパ諸国が地中海に進出し、海運業を営む際に利用されるルートでもあっ

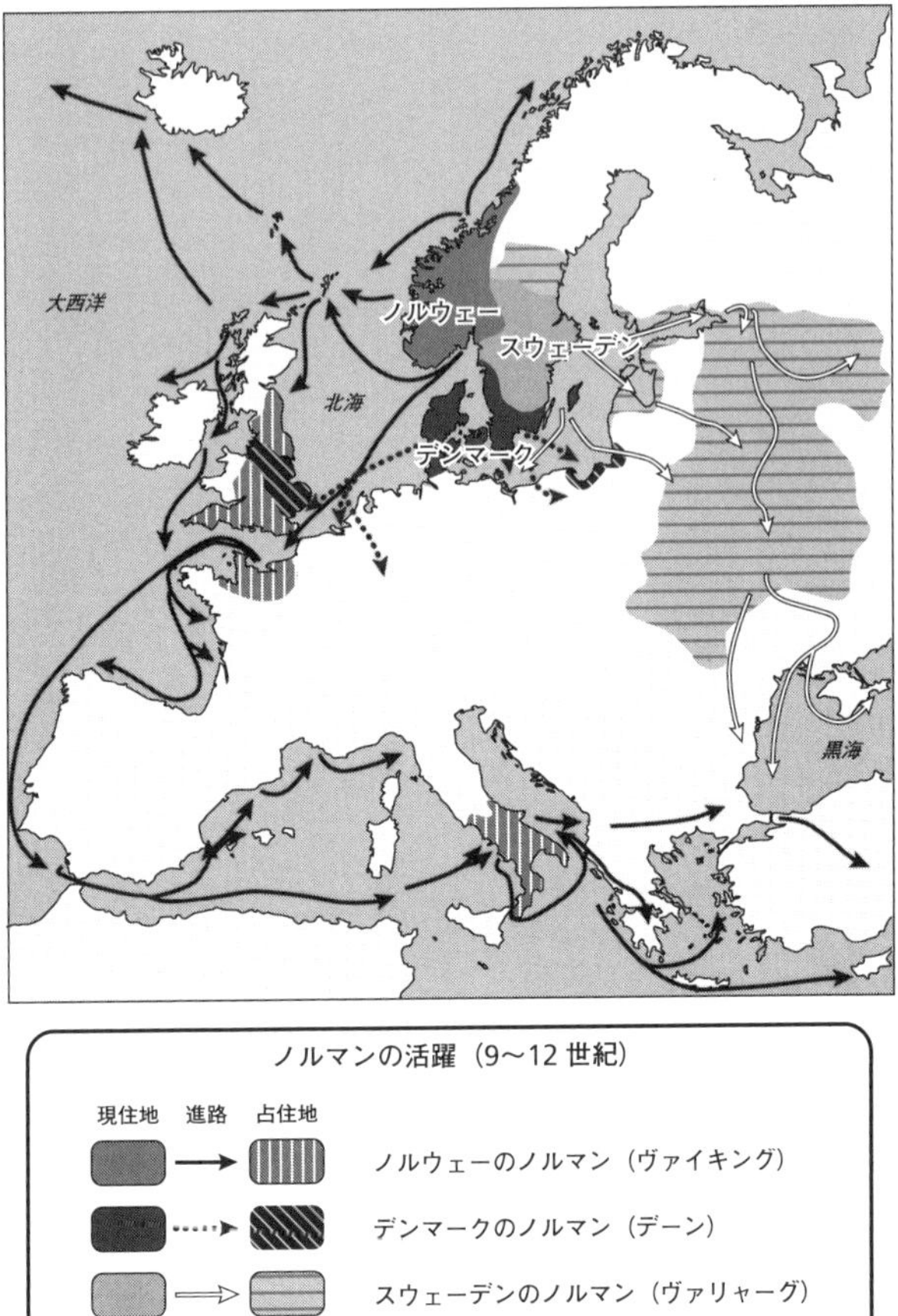

図6–1 ノルマン人の征服地と移動ルート

た。すでにノルマン人はのちの時代にイギリスやオランダ、さらにはスウェーデンが地中海に進出するルートを開拓していたと考えられる。ノルマン人が地中海に築いた王国としては、両シチリア王国が有名である。

北海帝国を築いたデーン人

他には、9世紀頃からイングランドに侵攻し、東部地域に定住したデーン人が挙げられる。デーン人の居住区はデーンローと呼ばれた。

その後、一時はイングランド人がブリテン島を統一するものの、デンマーク・ノルウェーの国王であった、デーン人のスヴェン1世が再び侵攻を強め、1013年にはイングランドの国王についた。

スヴェン1世の後を継いだクヌート1世は、それを広大な北海帝国へと発展させることに成功した。しかし、クヌート1世の死後、たちまちのうちに瓦解していったのは、デーン朝の統治がきわめて属人的であり、クヌート個人の能力に依存する傾向が強く、法制度などが十分整備されていなかったからである。

ノルマン人もデーン人も、もともと個人的なつながりを重視したため、属人的な国家を形成することが多かった。だからこそ、国王が亡くなると国家そのものが崩壊しかねない状況に度々陥ったのである。

いずれにしても、イングランドと言えば、アングロサクソンの国であるのが当たり前のような錯覚があるが、ヴァイキングであるクヌート1世やノルマンディー公ウィリアムをはじめ、大陸から支配された王国になっていた可能性は否定できないのである。

なお、ヴァイキングというと、通常日本人はデンマークのヴァイキングをイメージするが、スウェーデン・ヴァイキング（ヴァリャーグ）もいたことを忘れてはならない。デンマーク・ヴァイキングが西に向かったのに対し、スウェーデン・ヴァイキングは東に向かった。

そして、9世紀後半にはロシアのノヴゴロド公国を征服し、イギリスから東欧に至る広大な地域での交易に従事した。本章ではこれ以上、踏み込まないが、彼らもまたヨーロッパの商業ネットワークを大きく発展させた「移民」であった。

ヴァイキング活躍を支えたロングシップ

改めてヴァイキングの活動エリアを見てみると、それがいかに広大であったかがわかる。それは、北海やバルト海を中心に地中海、黒海、カスピ海にまで及んでいた。

ヴァイキングが使った船は、ロングシップと呼ばれる、喫水の浅い細長い船である。ロングシップには、オールが取りつけられていたが、時代とともに帆もつけられるようになった。

このタイプの船については、バルト海貿易研究の専門家であるデヴィド・カービーと、メルヤ＝リーサ・ヒンカネンが、次のように述べている。

「しっかりと釘づけされた」北欧の人《ノースマン》のロングシップは、無数の沿岸住民の心に恐怖心を植えつけたに違いない。その一方、陸からみえる場所にきた船首の広々した商船の容姿は、アイスランドの詩人たちに霊感を吹きこみ、彼らが「胸の豊かな」女性のように美しいカナル船を称揚するまでになった。吟唱詩人スカルドの歌にある細長くて伸縮性に富む軍船は、一三世紀の「サーガ」においては、はるかに巨大な船に道

ロングシップ（オスロ・ヴァイキング船博物館）

を譲った。一〇〇〇年頃のスヴォルドの戦いでオーラヴ・トリュッグヴァソンが死にいたるダイヴィングをおこなった「オルムリン・ラギ」、すなわち「長蛇」号や、一二六二-六三年にベルゲンで建造された国王ホーコン四世ホーコンソンの「クリストゥリン号」などの船は、全長が二五メートル以上あったといわれる。一〇〇〇-一三〇〇年のデンマークやノルウェーの国王によって徴用された平均規模のロングシップは、二〇から二五の船室をもち、一隻あたり各船ともに六〇人から一〇〇人の乗組員がいたと考えられている（船室すなわちリューミは船体の一画をなし、隣り合った二組の肋材とそれを繋ぐ梁によって区画されていた）。一二六二年にノルウェーのホーコン四世は、こうした船を少なくとも一二〇隻率いてスコットランドとの大々的な戦いを開始した。（『ヨーロッパの北の海――北海・バルト海の歴史』玉木俊明、牧野正憲、

（谷澤毅、根本聡、柏倉知秀訳、刀水書房、２０１１年、１２５頁）

喫水が浅いと、川を移動する時に便利である。しかも、これほど大型の船であれば、乗組員の数も多かった。だから彼らが戦士として活躍すれば、戦争にかなりの確率で勝利することができたのだろう。ヴァイキングが恐れられたのは、この船のためでもあったと考えられる。

「商業の復活」とヴァイキング

ここでもう一度、前章で触れたベルギーの歴史家アンリ・ピレンヌの「商業の復活」を引いてみよう。

ピレンヌによれば、ヨーロッパは7世紀以降のイスラーム勢力の地中海進出によって、商業活動が大きく衰え、農業中心の社会になった。そして、遠隔地との取引がほとんど姿を消してしまった。

ところが11〜12世紀になると、地中海からイスラーム勢力が徐々に退いていった。北海やバルト海では、ヴァイキングによる掠奪が終焉を迎えた。こうしてヨーロッパ周辺の海に、平和が訪れるようになったのだという。

前章で、ピレンヌはイスラーム勢力が果たした役割について見誤っていると指摘したが、ヴァイキングの役割についても、彼はかなり過小評価していると言わざるをえない。ピレンヌの存命中には、ヴァイキングは単なる掠奪者のイメージしかなかったのかもしれないが、現在では、すでに述べたようにイギリスからロシアに至る広大な商業ネットワークを有する商人として活躍していたという見方が主流である。

時代的制約はあったとしても、これほど広大な商業ネットワークの存在をピレンヌが知らなかったという事実は、「商業の復活」の前提条件が、そもそも間違っていたことを意味する。

地中海の商業は、復活したのではなく、ある程度継続していたし、北海・バルト海を含む商業圏では、むしろヴァイキングによって商業活動が活発になり、商業ルートが新たに開拓されたのである。

ヴァイキングは、文字通りヨーロッパ、特に北ヨーロッパ中を移動し、定住した。そして、北ヨーロッパのあちこちで交易を行った。彼らこそ、北ヨーロッパの商業ネットワークを築いた「移民」であったと言える。

もしヴァイキングがいなかったなら、ヨーロッパの商業圏の運命は大きく変わっていたであろう。ピレンヌはヴァイキングの存在を商業的にはマイナスに評価したが、私はそのプラス面を強調したい。

たとえば、11～12世紀になると、北ヨーロッパではハンザ同盟が台頭した。これは、北海・バルト海沿岸のドイツ諸都市（リューベック、ハンブルク、ブレーメン、ロストクなど）を中心に結成された商人や都市の商業連合であった。

彼らはコッゲ船と言われる、船首から船尾にかけて城郭のような上部構造を持った頑丈な船を使用した。ヴァイキングのロングシップより、丈夫で背丈が高いコッゲ船は戦闘で圧倒的に有利だったと考えられる。

その船でもって、ハンザ同盟の商人はヴァイキングが開拓したルートも商取引のために使用した。その意味では、ハンザ同盟が活躍するための道を、ヴァイキングが切り開いたと言っても、決して間違いではない。

そして、このハンザ同盟の後継者が、オランダ商人であった。バルト海貿易を中心とする交易網を発展させたオランダ人は、アジアや新世界にも進出した。ヨーロッパの拡大は、地中海ではなく、バルト海や北海というヨーロッパの北の海から出発したのである。その点から考えるなら、長期的にはヴァイキングの活動がヨーロッパの対外進出をもたらしたと言える。

第7章　ポルトガルは大航海時代の敗者ではない

莫大な利益を生んだサハラ縦断交易

ポルトガルがヨーロッパ帝国主義時代の口火を切ったことはよく知られている。またその後、オランダやイギリス、フランスに敗北し、急激に衰退した国というイメージが強い。しかし、現在の研究では、ポルトガルについて、それとは異なる解釈が主流になっている。

7世紀に始まった世界のイスラーム化は、中央アジアはもとより、やがてアフリカにまで及んだ。その影響は10世紀中頃に成立した、サハラ砂漠を南北に縦断するサハラ縦断交易（図7-1）に顕著に表れている。

この交易で取引された主要な商品は、岩塩と金であった。この2つの商品は、それぞれが生産地で取引されていたわけではなく、どちらの商品も中継貿易のためのものであり、トンブクトゥやジェンネなどがその拠点となった。

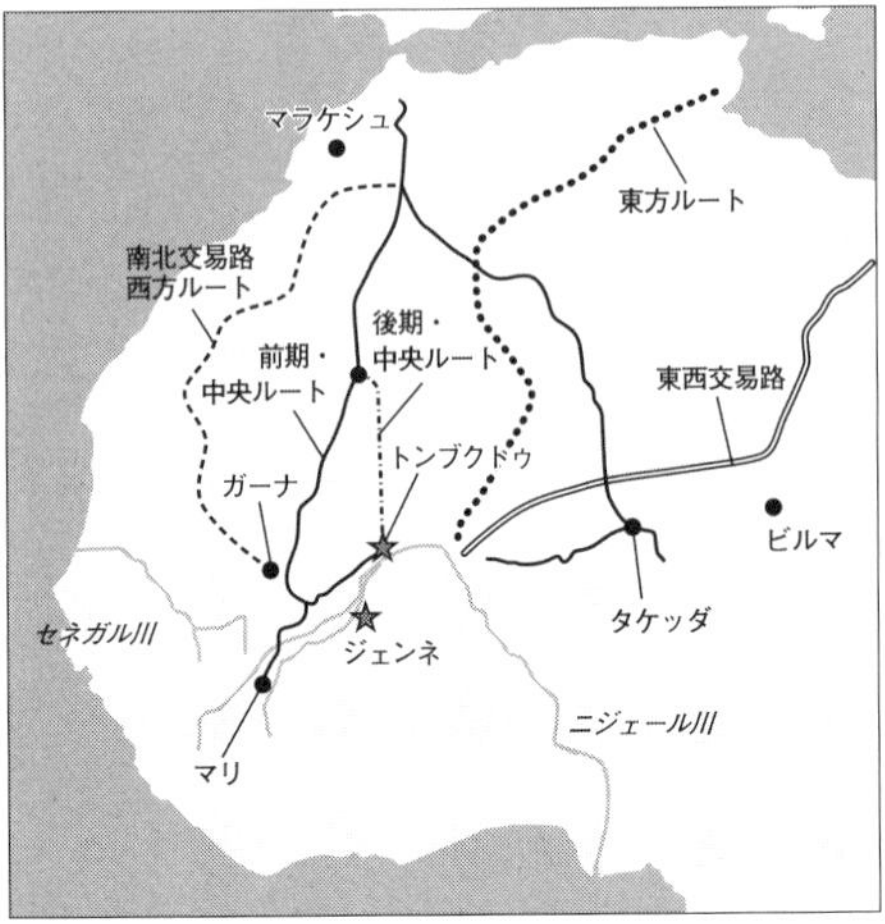

図7–1　サハラ縦断交易ルート

この一帯は、ガーナ王国（8～11世紀）、マリ帝国（1240～1473年）、ソンガイ帝国（1464～1590年）の支配下に置かれたが、莫大な富が集まったため、いずれの国も大きく発展した。

特にセネガル川の北部から、ガンビア川の南部にまで広がる、広大な領土を持ったマリ帝国は、域内で商業を促進するような政策をとり、さらに安全な貿易システムを構築した。また、政治的に安定したので、経済的繁栄を謳歌《おうか》することができた。

この利益に大きくあずかったのが、ムスリム商人であった。ムスリム商人は、北アフリカに建国されたムラービト朝（1056～1147年）、さらにモロッコに興ったムワッヒド朝（1130～1269年）の時代から、この交易に従事していたからである。

彼らはサハラ砂漠北部から運ばれた岩塩をトンブクトゥで、森林地帯から運ばれた岩塩をジェンネで、サハラ砂漠南のギニアで取れる金と交換し、その金をヨーロッパとの交易の材料に使った。

金は、特に地中海沿岸地域の人々にとって、大きな価値があった。金を運ぶために使われたのは、ヒトコブラクダである。餌《えさ》となる食物の種類が多く、数日間水を飲まなくても死なずに砂地を歩行できたからだ。大量の金がヒトコブラクダの背に積まれて、ギニアからヨーロッパにもたらされたという。

この地域には、もともと伝統的な宗教があったが、徐々に商業網を押さえていたイスラームの力が強くなっていった。そして、イスラーム教国のソンガイ帝国が支配するようになると、アフリカのイスラーム化は着実に進展していったのである。

レコンキスタから大航海時代へ

こうした流れと並行するように、8世紀以降のイベリア半島では侵入したイスラーム教徒を追放しようという動きが徐々に盛んになった。「レコンキスタ（再征服）」と呼ばれるもので、スペインがイスラーム勢力を追放して国家を統一する1492年まで続く。

また1096年には、ローマ教皇の呼びかけに応えて集まった十字軍が、イスラーム教徒から聖地イェルサレムを奪回するために最初の遠征を開始した。

重要なのは、イスラーム勢力に囲まれたヨーロッパの内部から、その包囲網を打破しようという動きが出てきたことである。この動きが、やがてポルトガルによる大航海時代の始まりに繋がっていく。見てきたように、ヨーロッパは周囲をイスラームに包囲されており、それより外の世界に出て行くには、アフリカ西岸を航海して行くほかなかったからである。

大航海時代の先鞭《せんべん》をつけたのは、ポルトガルのエンリケ航海王子だった。すでに述べたようにサハラ砂漠では、ムスリム商人がサハラ縦断交易に従事し、西アフリカから金を入手していた。それを奪い取ることが、エンリケ航海王子の目的であったと思われる。

「航海王子」というが、エンリケは船酔いが激しかったため、自分では船に乗れなかったことはよく知られる。ともあれ航海王子の指揮下、ポルトガル人は、ムスリムの手を経ず、金を直接入手しようとした。

金ではなく、香辛料と貴金属を求めることが主要な動機だったという主張もある。しかし、香辛料が目的だったとすれば、ポルトガルのアフリカ探索が始まった時点で、喜望峰ルートで産地のアジアに行けると知っていたことになるので、この主張には無理がある。また、貴金属という一般的なものではなく、西アフリカの金をムスリム商人経由ではなく、自らの手で入手したかったのだと考えるほうが、はるかに理にかなっている。

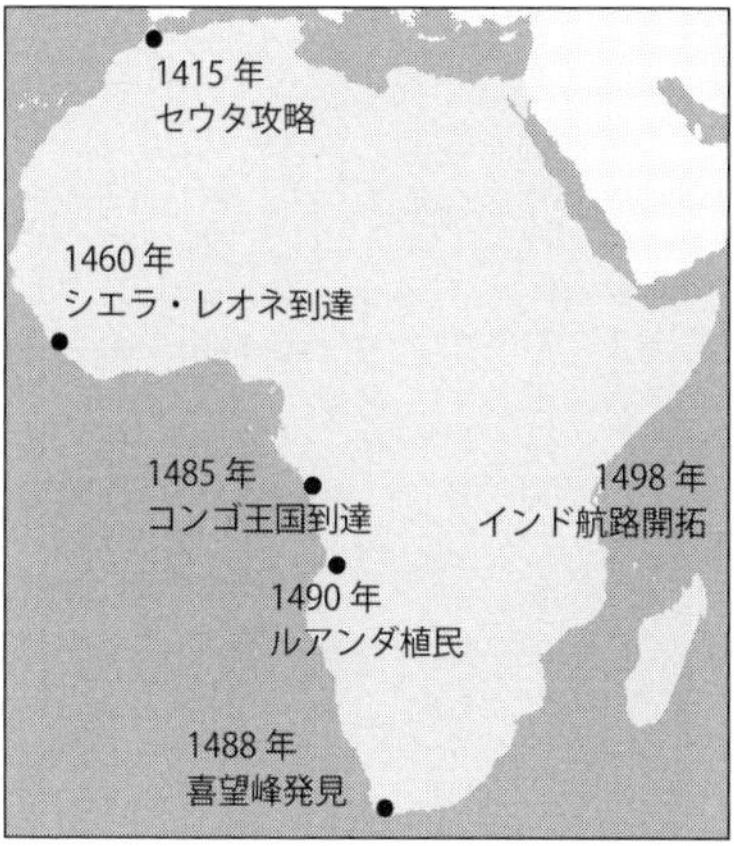

図7–2　ポルトガルの海外進出

ポルトガルは、アフリカをどんどん南に下っていった。図7-2に描かれているように、1415年にアフリカ西北端のセウタを攻略し、少しおいた1460年にはシエラ・レオネへとたどり着いた。

その後、1485年にコンゴ王国に到達し、3年後の1488年には喜望峰を発見。1490年になると、アンゴラ海岸部ルアンダに植民し、ここを奴隷貿易の拠点とした。

さらにポルトガルは、同様に新世界への進出を強めていたスペインと、１４９４年にトルデシリャス条約を締結した。これは、新世界の領有をめぐる紛争を解決するために、あらかじめ西経46度37分の子午線の東側をポルトガル、西側をスペインによって分割するという条約である。

そして１４９８年、ヴァスコ・ダ・ガマがインドのカリカット（コーリコード）に到達したことで、ついにインド航路を開拓することになったのである。ポルトガルは間違いなく大航海時代の主役国であった。

ポルトガルは、すぐにいくつもの植民地をオランダやイギリスに割譲し、急速に勢力を衰えさせたと、これまでは考えられていた。だがそれは、政治的帝国としてのポルトガルの没落ではあっても、ポルトガルが築き上げた商業ネットワークの没落ではなかった。

ポルトガルのアジア進出

ポルトガルの国王マヌエル１世は、１４９７〜１５０６年の間に合計８回、インド遠征隊を送るなど、アジアへの本格的な進出の機会を窺《うかが》っていた。

そして１５０９年、アフォンソ・デ・アルブケルケがディウの海戦でイスラームのマムルーク朝艦隊を破り、ポルトガルのアラビア海支配を決定的なものとした。さらにアルブケルケは、１５１０年にインドのゴアを占領し、強固な要塞を建設、１５１１年にマレー半島のマラッカ王国を滅ぼし、香辛料の産地であるモルッカ諸島を占領した。

香辛料が喜望峰ルートで手に入れられるようになったため、紅海からアレクサンドリアを経て、イタリアへと運ばれるレヴァントルートは17世紀になると衰退した。すなわち、ヨーロッパは、ムスリム商人・アジア商人の手を経ず、独力で香辛料を輸入することが可能になったのである。

一方、ヨーロッパの世界進出はその間も進んでおり、１５２２年にスペインのマゼラン一行が世界一周を果たしたことで、地球が球体であり、一本の線で分割できないことが明らかになった。ポルトガル・スペイン間で結ばれたトルデシリャス条約では、世界を分割するのに不十分だと判明したのである。

そのため１５２９年に、新たにサラゴサ条約が結ばれ、東経１４４度30分を通過する子午線によって再分割されることになった。これにより、その西側はポルトガル領、東側は

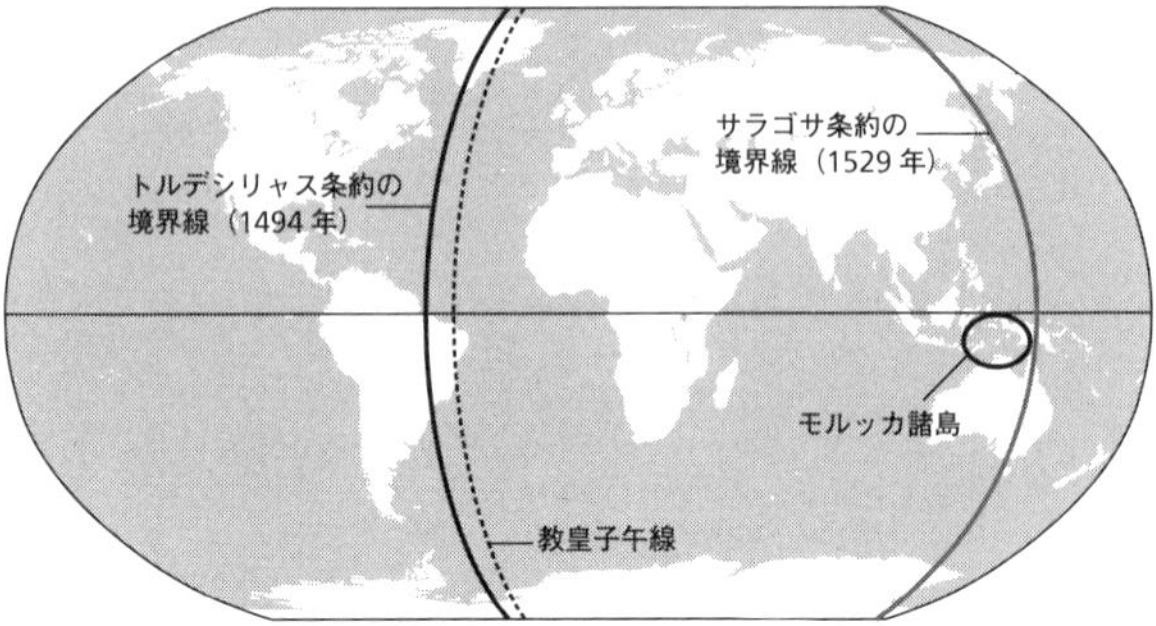

図7–3　トルデシリャス条約・サラゴサ条約

スペイン領となり、モルッカ諸島は正式にポルトガル領になった。太平洋の大半をスペインが領有することになった代わりに、ポルトガルはアジアのほとんどを領有するようになったのである。

アジアにおける優位をポルトガルにもたらす条約が締結されたのは、喜望峰ルートで先駆けてアジアに進出したのが、ポルトガルだったからであろう。スペインはまだ、太平洋を横断してアジアに進出している最中であり、フィリピンにマニラを建設するのは、１５７１年のことであった。

ニュークリスチャンの動向

ポルトガルのアジア進出を皮切りとして、オランダ、イギリス、フランス、デンマーク、スウェーデンなどが、東インド会社などを設立し、喜望峰ルートでのアジアとの貿易を促進した。

そして、オランダ、のちにはイギリスが、シンガポールなどのポルトガルが植民地とした地域を奪い取り、イギリスはインドを、オランダはインドネシアを根拠地として、アジアの植民地帝国を築いた。

イギリス東インド会社はインドを徐々に支配していき、オランダ東インド会社はインドネシアのバタヴィアを根拠地とし、インド東岸のプリカット、インド西岸のスラト、そして台湾をハブとして交易活動に従事した。

イギリスはやがて広州から茶を輸入し、オランダは1620年代には香辛料の輸入量でポルトガルを追い抜くが、イギリスやオランダが大きく躍進したのは、これらの貿易が国家の力を背景にしたものだったからである。

また、両国の東インド会社は国家の特許状を持ち、喜望峰以東の貿易独占権を有していたが、従業員にはアジアで自分たちが利益を獲得するための私貿易を許していた。

そのため、多くの人々がアジアに移住し、巨額の利益を得て帰国するという好循環が生まれていたのである（そうできず、アジアで亡くなった人も大勢いた）。

それに対し、ポルトガルは国家ではなく、商人の独自組織が中心となって貿易活動に従事し、国家の利害とは関係なく、独自の利益を追求した。

こうしたポルトガルの対外的進出を支えた人々は、ニュークリスチャン（レコンキスタ達成後にキリスト教徒に転向した人々）であった。彼らの多くは以前からの宗教であるユダヤ教を信じていたため、ポルトガル国王はインドのゴアに異端審問所を設置し、その弾圧に努めた。だが、私貿易商人として活躍した彼らを完全に取り締まることは不可能だった。この事実は、ポルトガルが本質的に「商人の帝国」であったことを示唆している。

ポルトガルが領土を取られても、この地域の貿易活動の中心であり続けることができたのも、商業活動の主体が国家ではなくて商人だったためだと言える。実際、19世紀初頭に至るまで、ペルシア湾からマカオの間の共通語は、ポルトガル語であったと言われる。

それればかりか、オランダの植民地であったインドネシアのチモール島においても、ポルトガル人の代理人が商業活動に従事していた。南シナ海で活動していた中国人と日本人の倭寇《わこう》の仲介者として働いたのも、ポルトガル人であった。

ポルトガル商人の力は、国家のしがらみを乗り越えるほどに、大変強かったのである。

密貿易で潤ったイエズス会

国家ではないが、ポルトガルの世界進出において重要な役割を果たした大きな組織をあえて挙げるとしたら、イエズス会であろう。

イエズス会は単に布教活動だけではなく、商業上の利益も追求した。その影響は日本にまで及び、ポルトガル商人とともに戦国時代に武器を供給することで日本統一に寄与している。

対外交渉史を専門とする日本史学者の安野《あんの》眞幸《まさき》氏によれば、ゴア→マラッカ→マカオ→長崎のルートが、イエズス会の日本布教を支える経済的な補給路、兵站路となったという。

さらに『イエズス会の世界戦略』などの著書がある高橋裕史《ひろふみ》氏は、イエズス会は大量輸送に適したナウ船（大航海時代を代表する大型帆船）を使って、武器をマカオから日本に輸出し、キリシタン大名に提供したという。イエズス会は、日本に対して、ヨーロッパ製の武器を調達する「死の商人」として活躍したのである。

マラッカと日本を結ぶ貿易ルートは、もっとも利益の出るルートであり、当初は密輸であった。イエズス会は、このルートを1世紀間にわたって独占した。

またこれに限らず、アジアでの貿易は密貿易が多かったため、莫大な利益をもたらしたはずである。そしてそれは、イエズス会のみならず、協働していたポルトガル商人の懐《ふところ》も大いに潤《うるお》したと考えられる。

新世界に広がる貿易ネットワーク

黒人奴隷貿易については、第9章で詳述するので、ここでは簡単に触れるにとどめたい。これまでの研究では、17世紀中頃になると、ポルトガルはアジアではなく、ブラジルを重視するようになったと言われてきた。

ところが、最近の研究によると、現実にはこれらの地域は強い紐帯《ちゅうたい》で結ばれていたことがわかっている。ポルトガル本国、アジアの植民地、新世界の植民地（主としてブラジル）のそれぞれに、ニュークリスチャンの血縁関係者が居住し、一つのネットワークを形成していたというのである。

すなわち、ポルトガルからアジアにかけて広がっていたニュークリスチャンのネットワークは、大西洋を越えてブラジル、ペルー、メキシコにまで及ぶようになり、ヨーロッパ、大西洋、アジアを一つの貿易網として統合する上で大きな役割を果たしたと考えられる。

具体的に見てみよう。1580年代までに、ポルトガル人はインド綿を北アフリカとレヴァントに送るようになっていた。

西アフリカにおいては、インドのグジャラート、シンド州（現パキスタン）、カンバートで購入した低品質の織物を販売するようになり、それを奴隷と交換した。この貿易の利益額は大きく、奴隷はブラジルの市場では購入した時の5倍、カリブ海とメキシコの市場では8倍の価格で売れたとされる。

さらにポルトガル人は、西アフリカで金や象牙と引き換えに、イングランドとフランドルのリネンを販売し始めた。彼らはアジアとヨーロッパの両方から西アフリカに布地を運ぶようになったのである。

このうちインド綿は、東南アジアで香辛料を購入するための媒介としても使用された。インド綿が東南アジアに輸送される方法について、綿の歴史の研究者であるジョルジオ・リエロ氏はこう言う。

陸と海は、綿や他の商品の貿易にとって排他的な方法ではなく、補完関係にあり、船舶から荷が降ろされ、ラクダに荷が積まれた。さらに、その逆もあった。第二に、これは、いくつかの媒介に依拠した貿易であった。たった一人の商人がもともとの土地からはるばる最終消費者まで商品を運ぶのは、ごく稀なことであった。商品を扱う人は、数回変わったかもしれない。たとえばグジャラートから、1シーズンまるまるかけてマラッカに到着した。そしてモンスーンのために、商人は戻るまでに翌年の3月まで待たなければならなかった（Giorgio Riello, *Cotton: The Fabric that Made the Modern World*, Cambridge, 2013, p. 23.）

ここに見られるように、インド綿を基軸として、大西洋とインド洋、さらに東南アジアは商業圏として密接に結びついていたのである。その綿を運んでいたのがポルトガル商人の船であったという事実は、きわめて重要である。

それに対してアジア商人は、決して喜望峰を越えてヨーロッパや大西洋に進出することはなかった。この違いは、のちのヨーロッパとアジアの発展に決定的な差をもたらすことになる。

ポルトガルは「敗者」ではなかった

このようにヨーロッパ商人、中でもポルトガル商人の商業圏は大きかった。また、17世紀後半から18世紀にかけて重要なこととして、アジア―ブラジル―アジアという直接交易が、ポルトガル国王の許可により行われるようになったことが挙げられる。

1692年には、ポルトガル船がインドからブラジルのバヒーアに立ち寄り、そしてブラジルからリスボンに帰国するようになった。1697〜1712年の間に、リスボンからアジアに向かった39隻の船のうち22隻が、バヒーアに停泊してからリスボンに帰港している。彼らはブラジルの金と交換するために、アジアでインド綿、中国製の陶磁器と絹を大量に購入した。

そしてブラジルからは、金以外にもアジアで販売される商品が輸出された。たとえば嗅《か》ぎタバコと砂糖が、ゴアとマカオで売られたのである。それは、18世紀になっても、なおポルトガル商人がアジアばかりか大西洋での貿易で活躍し、この2地域の海を結びつけていたことの証拠でもある。

13〜14世紀には、モンゴル帝国の人々が陸上ルートでユーラシア世界を結びつけた。モンゴル帝国は海上貿易も重視していたが、本質的に遊牧民の帝国であり、海を隔てた世界全体を結びつけることはできなかった。それに対し、ポルトガル人は、それこそ世界のあらゆる地域に出かけて、場合によっては定住し、世界各地を海上ルートで結びつけていったのである。

オランダ人が築いたネットワークのほうが重要であったはずだという意見も出てくるであろうが、オランダ人ネットワークの力は東南アジアを中心とするアジアでは強くても、新世界全体ではあまり強くはなかった。少なくとも、ポルトガルと比較すると、オランダ人の商業圏はアジア内にとどまるものだった。

また、17世紀終わり頃には、ポルトガル商人はイギリスやオランダの東インド会社と共同で貿易を行っていた。いずれの東インド会社も商業の上でポルトガルと敵対する必要はなかったからである。

政治的帝国としてのポルトガルの没落が、ポルトガルが築いた商業ネットワークの没落ではなかったと述べたのは、まさに本章で見てきたような意味においてである。我々は、ポルトガル人、特にポルトガルの商人たちが、世界史で果たした重要性について、もっと目を向けるべきであろう。

第8章　異文化間交易圏としてのアジア

イスラーム化する東南アジア

東南アジアの商業史研究者として、もっとも有名な人物はアンソニー・リード氏であろう。リード氏は、東南アジアの１４５０〜１６８０年を、「交易の時代」と呼んだ。この時代に、東南アジアでの交易は大きく増加したと主張したのである。

リード氏の研究の影響を受けた一人であるジェフ・ウェイド氏は、９００〜１３００年を、「初期的な交易の時代」と名づけた。リード氏が研究対象とする以前の時代に、「初期的」と呼べる交易拡大の時代があったというのである。

ウェイド氏は、8〜11世紀にインド洋やアラビア海のみならず、東南アジアにおいてもイスラーム化が進んだと主張する。チャンパー（現在のベトナム中部から南部）や中国、さらに南シナ海、東南アジアにおいても、ムスリム共同体が見られたからだ。

11世紀後半には、アラブからの使者が東南アジアを経て、中国を訪れている。この時代には、中国の海上貿易の拠点が、広州から泉州へと移り、泉州には、すぐにモスクが建てられた。イスラームの力が、海上ルートで中国にまで及んでいたことの証左であろう。12〜13世紀の海上貿易のブームにおいても、泉州のイスラーム勢力は非常に強かったという。

インドでは、宋代の中国の銅貨が出土しているが、それは東南アジアにも流入していた。日本でも平安時代中期からは、宋の銅貨が使用されるようになったが、中国の銅貨が海を通じたアジア世界共通の通貨になったということは、この地域の市場が一体化していたことを示す。それを各地域に運んだのは、インドを中心とするムスリム商人であった。

さらにエジプトのマムルーク朝は、イタリアのヴェネツィアと結んだ1345年の条約で、ベイルート（レバノン）とダマスクス（シリア）で活動しているキャラバン隊への支配を強化することになった。キャラバン隊は中東から東南アジアに至るルートで活躍していたからである。マムルーク朝によって、東南アジアと地中海は、強く結びつけられることになったのだ。

こうして東南アジアと地中海を結ぶ上で大きな役割を果たしたのも、キャラバン隊のネットワークのかなりの部分を支配していたムスリム商人だった。リード氏の研究によると、1400〜1462年はマラッカ、スマトラ、モルッカ諸島のティドレ島などがイスラーム化した時期であった。インドからムスリムがこの地まで来ただけではなく、東南アジア商人がムスリムになった。さらにブルネイ、マニラ、チャンパーなどもイスラーム化した。

15世紀末になると、中でもマラッカが重要になった。マラッカ海域はダウ船（アラビア海やインド洋で活躍した伝統的な帆船）とジャンク船（東南アジアで使用される帆船）の結節点として、アジア域内の海上貿易における最大の要所だったからである。

このように、大きな異文化間交易圏となった東南アジアのネットワークは、ヨーロッパやアフリカ、そしてインド洋世界にまで繋がっていた。そこで主に活躍したのはムスリム商人であり、交易の広がりとともに、多くの人々が移住したと考えられる。

だが15世紀頃からポトルガルなどが入ってきて、このルートがヨーロッパのものへと変わった。ムスリム商人が中心であったインド洋は、ポルトガル商人が活躍する海になったのである。

永楽帝と鄭和の遠征

一方、中国は14世紀後半から2世紀にわたり、大きく人口を増加させた。明の皇帝であった永楽帝《えいらくてい》が貿易のための遠征を盛んに行ったのも、人口増加によって国内の需要が増したからである。

貿易の相手は、主に東南アジアであり、そのおかげで東南アジアの交易は大きく発展した。永楽帝は、宦官《かんがん》でムスリムであった鄭和《ていわ》を、宝船《ほうせん》でアラビア半島まで遠征させるなど、積極的な対外政策を行った。永楽帝は、そのような中国の交易拡大の時代を体現した皇帝であった。

またこの時代、周辺国との朝貢《ちょうこう》貿易体制も全盛期を迎えた。朝貢貿易体制は、「文明の中心にある中国王朝が、周辺の蛮夷《ばんい》に対して恩恵を施す」という体制であり、それは周辺国からの朝貢品と、中国からの下賜《かし》品の交換を伴う経済活動でもあった。これは、中国が他国よりも圧倒的に豊かであったからこそ実行できた体制であった。

しかし、1424年に永楽帝が亡くなると、中国は積極的な対外進出をやめてしまう。

それればかりか、1436年には大洋航海用の船舶の建造が中止された。その理由にはここでは踏み込まないが、中国は明らかに内向きになり、朝貢貿易体制は続けたものの、海外への拡大をやめたのである。

当時、世界でも先進的な技術を持っていた中国の衰退の始まりを、ここに見ることができよう。

貿易拠点としての琉球

ともあれ、日本が初めて東南アジアに進出していったのは、このような状況においてであった。正確に言えば、当時日本国の領土ではなかった琉球が、東南アジアとの国際関係の舞台に登場したのである。

琉球は、東アジアと東南アジアの重要な結節点であった。中国への朝貢貿易を積極的に行うと同時に、東南アジアの主要貿易港に船舶を送っていたからである。たとえば、1428~1442年の間に、タイのアユタヤ朝に少なくとも17回、スマトラ島のパレンバンに8回、ジャワには8回、使者を送っている。

琉球は、中国や東南アジア諸国と同じようにジャンク船によって貿易をした。さらに図8−1からわかるように、琉球は堺や博多との交易関係があった。

琉球王国は、14世紀頃から北山、中山、南山に分かれていたが、1429年に中山王

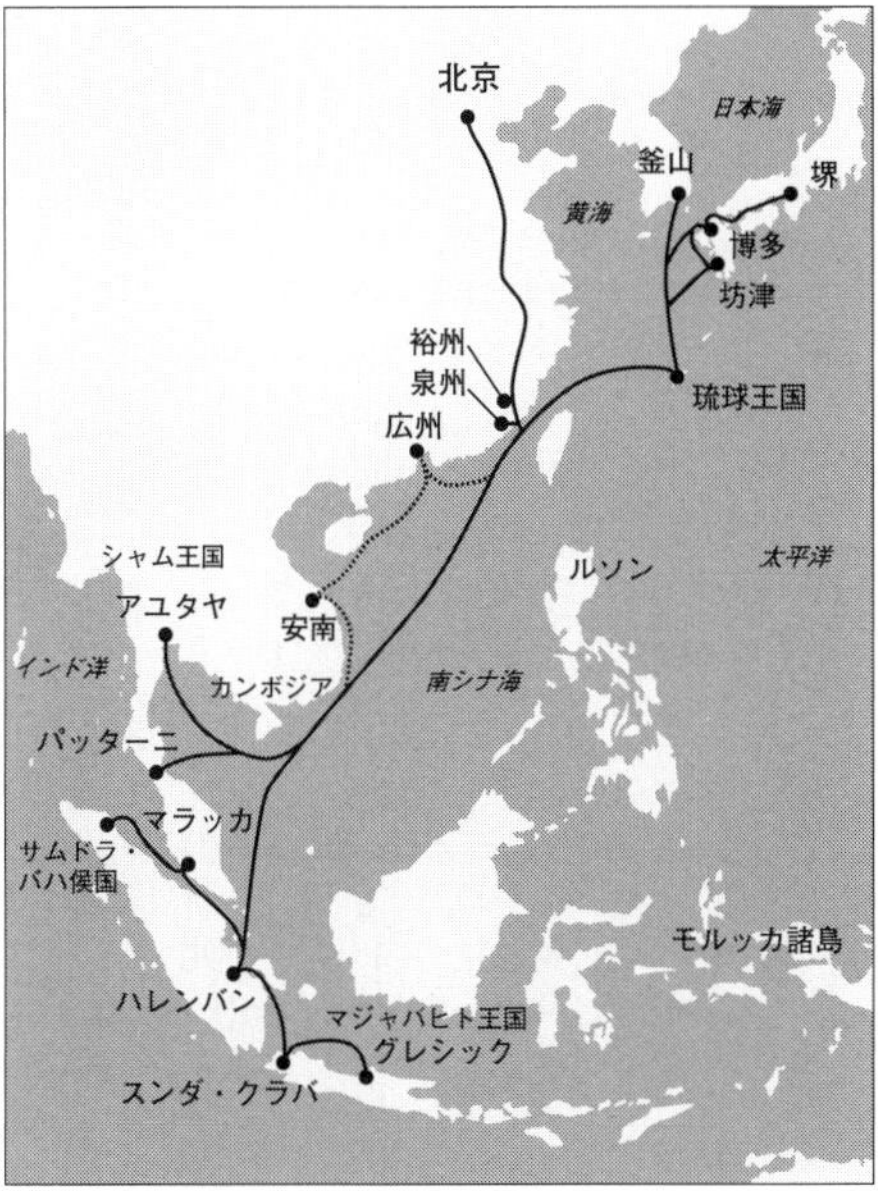

図8–1　琉球王国の主要貿易ルート

出典：Takeshi Hamashita,"The Lidan Baoan and the Ryukyu Maritime Tributary Trade Network with China and Southeast Asia, the Fourteenth to Seventeenth Centuries", in Eric Tagliacozzo and Wen-chin Chang(eds.), *China Circulations: Capital, Commodities, and Networks in Southeast Asia,* Durham and London, 2011, p.108をもとに作成

尚巴志《しょうはし》が統一したことで、一つの王国になった。だが現実には、統一王国ができる以前から、活発な貿易活動に従事していた。

中国史家として著名な浜下武志氏の研究によると、琉球は1380年代後半頃からシャムとの貿易を行っていたようである。

また、琉球は、明と朝貢貿易を行っており、貢納品として香辛料を送っていた。それは琉球が、東南アジアとの貿易を自国船でしていたからこそ可能だったと考えられる。シャムから中国への朝貢品の中にも、硫黄や馬、胡椒、蘇木《そぼく》、その他の南洋の産品があったが、それらは琉球との交易によりもたらされた商品であったのだろう。

永楽帝が地方の政府に対し、シャム人のために船舶を修理し、食料を供給するように命じている記録があるが、その船舶が朝鮮ないし琉球へと航海を続けることができたからに違いない。

当時、明の皇帝であった永楽帝は、東アジアにおける、こうした交易網の拡大を歓迎していたのである。

琉球はなぜ中国との関係を続けたか

中国人が、シャムやスマトラ島のパレンバンといった南海の地域に定住するようになったのは、元代後期から明代にかけてのことであった。またジャワに定住したのは、インドネシア最後のヒンドゥー教王国であるマジャパヒト王国全盛の14世紀半ば、ハヤム・ウルク王の時代であった。

14世紀末になると、これら南海に位置する国々と、中国、日本、朝鮮、琉球などの国々との間で取引が始まったが、この時に大きな役割を果たしたのが、すでに定住していた中国人である。

南海へ向かった琉球人が活発に交易したのも彼らであった。琉球がパレンバンとの関係を持つようになるのが1428年、ジャワが1430年である。パレンバンやジャワなど、いくつかの港の繁栄は、居住していた中国人の商業活動のおかげであり、琉球人が中国本国との関係を維持したのも、それが理由であったと考えられる。

この当時の東アジアの国際関係は中国の朝貢貿易制度に指導されており、海外に住む中国人が大きな役割を果たしていた。琉球は、それをうまく利用したと言えよう。

また、琉球史の研究者である黒嶋敏氏《さとる》によれば、琉球には明を出国した華僑たちも住み着いており、琉球王国の対外交易を主導しただけではなく、明本国との通交・通商における様々な優遇策を勝ち取っていたという。

このように、琉球は東アジアのみならず、東南アジアのシャム、パレンバン、ジャワ、スマトラ、安南（ベトナム）などへと、交易網を広げていた。15世紀の段階では、琉球は明らかに日本国から独立し、東アジア、東南アジアとの緊密なネットワークを構築していたのである。

ポルトガル人とアジア

16世紀中頃には、おそらくイエズス会も関わった日本への鉄砲伝来が起こった。現在もなお、通説では1543年に種子島にたまたまポルトガル人が漂流し、火縄銃が導入されることになったとされる。

しかし、もし火縄銃が種子島だけから広がったとしたら、火縄銃の種類は一種類しかないはずであるが、現実には複数の種類の火縄銃が使われていた。したがって、種子島から火縄銃が広まったという説は、疑問視されている。

倭寇が日本に鉄砲をもたらしたという説もあるが、それが正しいとすれば、おそらく倭寇はポルトガル商人、イエズス会経由で手に入れたのであろう。

ともあれ、この時代にポルトガル人、とりわけイエズス会がアジアに来航するようになったのである。ポルトガル商人はイエズス会の宣教師とともに、アジアの根拠地であったゴアを出港すると、マラッカ海峡を経て、マカオに到着した。

そしてゴアから積んできたヨーロッパのレアル銀貨やオリーブ油、ワイン、さらには東南アジアの香辛料を、日本への輸出用の生糸、金・絹織物などの商品と積み替えた。それらの商品は、鉄砲とともに、日本の様々な地域で売られることになった。

日本にはこれといった輸出品がなかったが、石見《いわみ》銀山をはじめとして、大量の銀が産出されていた。そこでポルトガル商人は、日本から銀を積み込んでマニラに寄港し、さらに中国の生糸や絹織物を購入し、ゴアへと帰港したのである。

すでに見てきたように15世紀には、インドと東南アジアを結びつけていたのは、ムスリム商人であった。だがポルトガル商人は、大航海時代を切り開いてそのルートを奪い取り、さらに琉球などが使っていたルートを利用して、日本と取引するようになったと考えられる。そのことは琉球の交易網と、ポルトガルの交易網が大きく重なっていることからも明らかである。

徳川幕府による近代的な貿易政策

おそらく当時の日本が貿易を続けていくためには、ポルトガル人と手を結ぶしかなかったに違いない。

豊臣秀吉は1587年に「バテレン追放令」を出したが、これはイエズス会が神社仏閣を破壊しており、日本人を強制的にキリスト教へと改宗させていたことがわかったからだった。

また、1590年に秀吉によって日本全土が統一されると、倭寇などによる無秩序な交易・略奪を取り締まるためにも、政府として貿易を管理する必要に迫られた。

そこで秀吉は「朱印状」を発行し、これを持っている船だけが正当な貿易をできるとした。岩生成一《いわおせいいち》氏によれば、秀吉の時代には、それはあくまで日本国家内部の証明に過ぎなかったが、徳川家康が天下を取ると、貿易相手国にも書状を出し、朱印状を持っていない者との取引はしないように要請をするようになったという。これが1604年に始まり、1635年に終わった「朱印船制度」である。

朱印船は東・東南アジアの各地に向かった。この制度の下で、日本は大きな貿易拡大の時代を迎えたのである。

政府が貿易を管理するという姿勢は、近代国家に広く認められるものであり、徳川幕府は非常に近代的な政策をとったと言えよう。

南洋日本人町の位置づけ

当時の日本は、世界有数の金と銀の産出国であった。豊富な鉱産資源を輸出し、生糸や絹織物などを輸入した。この貿易を担った人々には、ポルトガル人だけではなく、日本人もいた。彼らは一攫千金を夢見て海外に渡り、居留地で集落を築いた。それは、「南洋日本人町」と呼ばれる。

南洋日本人町としては、ベトナム中部のフェイフォ（ホイアン）、トゥーラン（ダナン）、タイのアユタヤ、ルソン島のマニラ郊外のディラオとサン・ミゲル、カンボジアのプノンペンとピニャールーが有名であるが、実際には東南アジアのかなり多くの都市に居住していたと言われる。

もちろんマニラにも、日本人の居留地はあった。この地が、スペインのガレオン船の出入港であり、メキシコ銀がもたらされた土地だということを考えるなら、日本人のネットワークは、ポルトガル人だけではなく、スペイン人とも関係していたことになる。なおマニラには、1614年に幕府の命令によって、日本から追放されたキリシタン大名である高山右近《うこん》も滞在した。

日本人は、東南アジアの各町で活躍した。その中には、シャム（タイ）で活躍した山田長政《ながまさ》らの著名人もいた。戦国時代は領土拡張、さらには貿易拡大の時代であったので、その余波が残っていた江戸時代初期に、東南アジアに日本人が渡航したことは、何の不思議もない。しかも渡航した人々には商人の他、武士も数多く含まれていた。それは浪人たちが、新たな職を求めて日本を後にしたためだと考えられる。

1639年にポルトガル船入港禁止（鎖国）令が出されると、日本人町は徐々に衰退し

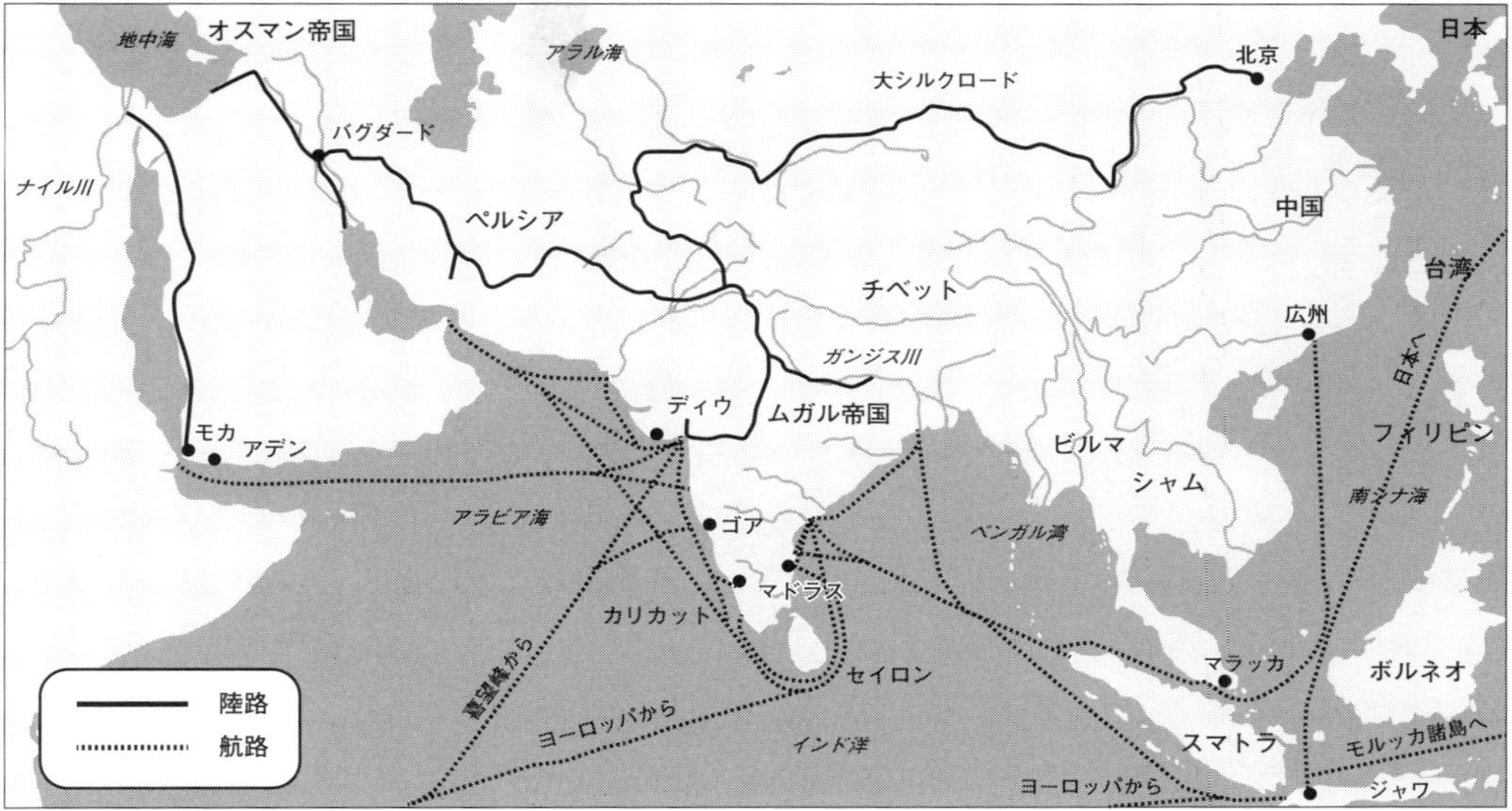

図8–2　南洋日本人町が含まれた17世紀の商業ネットワーク

出典：Ashin Das Gupta, *The World of the Indian Ocean Merchant 1500 1800,* New Delhi, 2001, pp.66-67をもとに作成

ていった。だが日本に帰国できなかった人々は、その後何十年、場合によっては100年以上も東南アジアの地に住み着いた。言うまでもなく、彼らの多くはキリシタンであった。

こうした海外での日本人の活躍をたどっていくと、すでに見たような琉球の東南アジアでの貿易に起源を求めることができる。琉球は、1609年に島津藩の支配下に入った。それによって琉球人が持っていた商業ネットワークが、日本国へと受け継がれ、南洋日本人町の形成に大きく役立ったことは想像に難くない。

南洋日本人町は、インドのゴアからのポルトガル商人（場合によってはイエズス会）のネットワークの一部を形成していた。このネットワークは、琉球人のネットワーク、すなわち、それ以前に東南アジアに広がっていたイスラーム勢力のネットワークとも重なる。

このネットワークは、やがて第10章で述べるアルメニア人の陸上ルートと結節され、ユーラシア世界を包摂する巨大な商業ネットワークを形成するようになる。かつての琉球がそうだったように、南洋日本人町は、その巨大なネットワークの一部を成していたのだと考えられよう（図8-2）。

第9章　黒人とユダヤ人が起こした「砂糖革命」

「砂糖革命」とは何か

世界史上最大数の「移民」とは、16〜19世紀に大西洋を奴隷として渡った黒人であろう。現在の研究では、西アフリカから新世界に輸送された黒人奴隷は、サトウキビの栽培に従事したとされる。このサトウキビからつくられた砂糖がヨーロッパに輸出され、ヨーロッパ人の生活水準の上昇に大きく貢献することになったのである。

砂糖は、高カロリーな食品である。おそらく19世紀後半に至るまで、多くのヨーロッパ人は、貧しい生活を余儀なくされていた。たとえば、1845年の段階においても、アイルランドでは貧しい人々の食料であったジャガイモが不作になり、100万人以上の餓死《がし》者が出た。そのため多くの人々が、アメリカ合衆国やカナダ、さらにはオーストラリアへと移住している。

このようなことからも、ヨーロッパ人の摂取カロリー数は以前から少なかったと推測さ

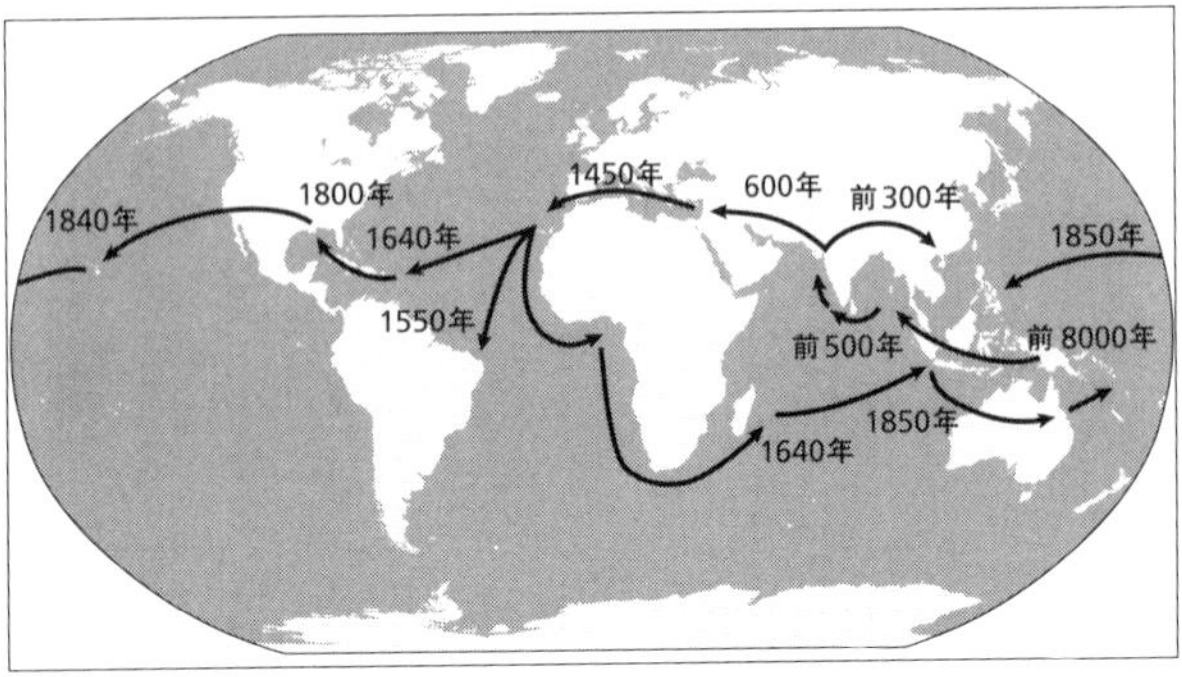

図9-1　砂糖生産の拡大

出典：Urmi Engineer, "Sugar Revisited: Sweetness and the Environment in the Early Modern World", in Anne Gerritsen and Giorgio Riello(eds.), *The Global Lives of Things: The Material Culture of Connections in the Early Modern World,* London and New York, 2016, p.200. をもとに作成

れるのである。少量高カロリーの砂糖は、貴重なエネルギー源になったと考えられる。

しかし、ヨーロッパは大陸内部で大量にサトウキビを栽培することができなかった。彼らは、サトウキビの栽培地帯を、ずっと暖かい地域に求める必要があったのである。

サトウキビの原産地は東南アジアであった。前8000年頃に東南アジアで栽培され始めたサトウキビが、非常に長い時間をかけ、新世界でも栽培されるようになったのだ（図9-1）。

アジアでもサトウキビから砂糖は生産されていたが、たとえば中国では、依然として小規模な生産が続いていた。だが、新世界ではプランテーション（単一作物を大量に栽培する大規模農園）で栽培することで、生産量を一気に高めることに成功した。

それによって、森林資源伐採を代表とする環境問題が発生することになったものの、17世紀には新世界が砂糖生産の中心地になったのである。新世界最大の輸出品は砂糖となり、この現象は「砂糖革命」と呼ばれる。

この「砂糖革命」を担った重要な人々こそ、移住させられた黒人奴隷であった。黒人は労働力として使われたが、サトウキビの栽培技術を伝播した人々としては、後で述べるようにユダヤ人の存在も無視することはできない。

本章では、したがって「砂糖革命」を、黒人とユダヤ人が交差した歴史として捉えなおしてみたい。

大変動する環大西洋世界

ポルトガル人は、すでに1420年頃からマデイラ諸島でのサトウキビ栽培に黒人奴隷を用いていたが、1450年代になるとローマ教皇によって、ポルトガル王室がアフリカを探検・冒険、さらに異教徒を征服し奴隷にすることが正式に認可された。

1500年には、コロンブスに遅れること8年、ポルトガル人のカブラルがブラジルを「発見」し、南米大陸の東側の多くはやがてポルトガル領となった。

ブラジルはマデイラ諸島と比較すると、はるかに大きく、プランテーションでのサトウキビ栽培にずっと適していた。そのため、ブラジルをはじめとする新世界に黒人奴隷が西アフリカから連れてこられ、もともと東南アジアにあったサトウキビが、はるか遠くの地に移植され、新世界で栽培されるようになったのである。

マデイラ諸島の砂糖は、現在のベルギーに位置するブリュージュで販売されていた。1500年頃にサン・トメ島での砂糖生産が急速に拡大すると、同島とマデイラ諸島で産出された砂糖の集積港として、同じくベルギーのアントウェルペンが台頭した。

1550年代には、新世界にプランテーションシステムが導入され、そこで生産された砂糖がヨーロッパ市場を席巻するようになる。こうして16世紀末には、ブラジル北東部のペルナンブーコとバヒーアが、世界でもっとも重要な砂糖生産地域となった。このブラジルの砂糖はアントウェルペンに持ち込まれ、アントウェルペンはヨーロッパの砂糖市場の中心となっていったのである。

16世紀のうちに、ブラジルの砂糖生産量は大西洋諸島であるマデイラ諸島、サン・トメ島での生産量を圧倒するまでになっていた。ヨーロッパで砂糖と言えば、ほぼブラジル産の砂糖を指すようになっており、1612年頃には、すでに年間981万1680キログラムの砂糖を生産していたとされる。

ブラジルが砂糖の主要な生産地になったことで、ポルトガルはヨーロッパのエリート家族への砂糖供給者としての地位を確立した。砂糖生産に限らず、黒人奴隷貿易も含めて、大西洋経済においてポルトガルの首都リスボンが繁栄したのは、それが一つの要因であった。

もっとも、そのために必要な費用はあまりに莫大で、ポルトガルは単独でまかなうことができなかった。そのためドイツ、イタリア、オランダの商人が共同で拠出することになった。すなわち砂糖生産は、全ヨーロッパを巻き込む企《くわだ》てだったのである。

大西洋奴隷貿易と人口増の関係

大西洋での黒人奴隷貿易と言えば、その中心がイギリスだというイメージはいまだに根強い。しかし、現在では奴隷貿易に関するデータベースが蓄積され、実態はそれほど単純ではなかったことがわかっている。

表9-1は、奴隷輸送船の船籍を示す。驚くべきことに、当初はスペイン船、ついでポルトガル船の比率が高い。さらにポルトガル船が輸送する奴隷の総数がもっとも多い。イギリス船がポルトガル・ブラジル船よりも多いのは、1726〜1800年に過ぎないのだ。

16世紀においては、スペインによる輸送数も多いが、ポルトガルによる輸送がもっとも多い。しかも、その多くは表9-2によればポルトガルの植民地であったブラジルではなく、スペイン領アメリカに送られている。

西アフリカの黒人がスペイン領アメリカに、スペイン船のみならずポルトガル船で送られたということは興味深い。おそらく西アフリカからの金輸入においても、ポルトガル商人とスペイン商人は協同していたので、その関係が大西洋貿易においても継続したのだろ

表9–1　大西洋における船舶での奴隷の輸送数　（単位：人）

	スペイン／ウルグアイ	ポルトガル／ブラジル	イギリス	オランダ	合衆国	フランス	デンマーク／バルト海地方	合計
1501～1525年	6,363	7,000	0	0	0	0	0	13,363
1526～1550年	25,375	25,387	0	0	0	0	0	50,762
1551～1575年	28,167	31,089	1,685	0	0	66	0	61,007
1576～1600年	60,056	90,715	237	1,365	0	0	0	152,373
1601～1625年	83,496	267,519	0	1,829	0	0	0	352,844
1626～1650年	44,313	201,609	33,695	31,729	824	1,827	1,053	315,050
1651～1675年	12,601	244,793	122,367	100,526	0	7,125	653	488,065
1676～1700年	5,860	297,272	272,200	85,847	3,327	29,484	25,685	719,675
1701～1725年	0	474,447	410,597	73,816	3,277	120,939	5,833	1,088,909
1726～1750年	0	536,696	554,042	83,095	34,004	259,095	4,793	1,471,725
1751～1775年	4,239	528,693	832,047	132,330	84,580	325,918	17,508	1,925,315
1776～1800年	6,415	673,167	748,612	40,773	67,443	433,061	39,199	2,008,670
1801～1825年	168,087	1,160,601	283,959	2,669	109,545	135,815	16,316	1,876,992
1826～1850年	400,728	1,299,969	0	357	1,850	68,074	0	1,770,978
1851～1866年	215,824	9,309	0	0	476	0	0	225,609
合計	1,061,524	5,848,266	3,259,441	554,336	305,326	1,381,404	111,040	12,521,337

出典：http://www.slavevoyages.org/assessment/estimates

表9–2　奴隷の上陸地域

（単位：人）

	ヨーロッパ	北米大陸	イギリス領カリブ海	フランス領カリブ海	オランダ領アメリカ	デンマーク領西インド	スペイン領アメリカ	ブラジル	アメリカ	合計
1501～1525年	637	0	0	0	0	0	12,726	0	0	13,363
1526～1550年	0	0	0	0	0	0	50,763	0	0	50,763
1551～1575年	0	0	0	0	0	0	58,079	2,928	0	61,007
1576～1600年	266	0	0	0	0	0	120,349	31,758	0	152,373
1601～1625年	120	0	681	0	0	0	167,942	184,100	0	352,843
1626～1650年	0	141	34,045	628	0	0	86,420	193,549	267	315,050
1651～1675年	1,597	5,508	114,378	21,149	62,507	0	41,594	237,860	3,470	488,063
1676～1700年	1,922	14,306	256,013	28,579	83,472	22,610	17,345	294,851	575	719,673
1701～1725年	182	49,096	337,113	102,333	62,948	10,912	49,311	476,813	202	1,088,910
1726～1750年	4,815	129,004	434,858	255,092	85,226	5,632	21,178	535,307	612	1,471,724
1751～1775年	1,230	144,468	706,518	365,296	132,091	21,756	25,129	528,156	670	1,925,314
1776～1800年	28	36,277	661,330	455,797	59,294	43,501	79,820	670,655	1,967	2,008,669
1801～1825年	0	93,000	206,310	73,261	28,654	19,597	286,384	1,130,752	39,034	1,876,992
1826～1850年	0	105	12,165	26,288	0	5,858	378,216	1,236,577	111,771	1,770,980
1851～1866年	0	476	0	0	0	0	195,989	8,812	20,332	225,609
合計	10,797	472,381	2,763,411	1,328,423	514,192	129,866	1,591,245	5 532,118	178,900	12,521,333

出典：http://www.slavevoyages.org/assessment/estimates

う。

17世紀には、まずスペイン領アメリカが、次にブラジルが多くなっている。これはスペイン主体から、ポルトガル主体へと、奴隷貿易の中心が移っていったことを意味しよう。そして18世紀になると、奴隷の輸送数は、イギリス領カリブ海、ブラジル、フランス領カリブ海という順になる。

国別に見ていこう。イギリスの場合、圧倒的にジャマイカに送られる奴隷が多い。全時代を通じて、120万人の奴隷がジャマイカに送られている。フランスに関しては、サン・ドマング（現在のハイチ）への輸送が圧倒的に多く、全時代を合計して90万人を超えている。

スペインは、中米の比率が高く、18世紀になると、中でも急速にキューバの比率が上昇する。1771〜1780年には、キューバに輸送される黒人奴隷は6万4000人ほどであったが、1826〜1850年には36万人を超える。

ポルトガルの場合、18世紀にブラジル南東部とバヒーアへの奴隷輸送数がかなり増える。全時代を通じたバヒーアへの奴隷上陸数は170万人以上に達し、他のどの地域よりも多い。すなわち、18世紀になって砂糖プランテーションでの奴隷需要が伸びたために、カリブ海からスペイン領の南米とブラジル東部にかけて、奴隷輸送数が急速に増加したのである。

その結果、各地域の黒人人口は増加し、ジャマイカでは1700〜1789年の間に6倍以上に、サン・ドマングでは1686年から1791年に141倍以上になったという。

全体的に見れば、この時代の奴隷貿易における北米の比率はかなり低い。18世紀の大西洋経済全体に占める北米の比重は、まだまだ小さかったのである。北米経済の台頭は19世紀の出来事であった。

砂糖植民地の人口増のためには、絶えず労働力として主に男性の黒人奴隷が供給されなければならなかった。それが大量の黒人を労働力として輸送した理由の一つであったが、満足な栄養もとれずに絶え間ない労働を余儀なくされたため、短命に終わることも多かった。

たとえばバルバドスでは、1700年の奴隷人口は4万人であった。それから100年間に26万3000人の黒人奴隷を輸入したが、1792年の黒人の人口は6万4300人に過ぎなかったという。

オランダの新世界進出

ここで、「砂糖革命」が黒人とユダヤ人が交差した歴史だったと述べたことを思い出していただきたい。最後にこのことを、順を追って説明しよう。

1621年、オランダは西インド会社（WIC）を創設し、ポルトガルのアフリカ領とアメリカ領を奪い取ろうとした。WICは1624年に多くの戦隊を初めて南大西洋へと送った。そしてブラジルのレシーフ、さらにはペルナンブーコを領土にすることに成功し、ついにはポルトガル領アフリカをも占領してしまう。

オランダは、1609年にのちのハドソン湾とマンハッタン島を「発見」し、ニーウ・ネーデルラントと呼んでいたが、1625年にマンハッタン島をデラウェア先住民から購入し、ニーウ・アムステルダム（ニュー・アムステルダム）と名づけた。

もっともニーウ・アムステルダムは第二次イギリス－オランダ戦争を終結させたブレダ条約で、イギリス人の植民地であった南米のスリナムと交換され、ニューヨークと改名された。そののち、オランダは北米への進出を断念することになる。

ともあれ、1640年代になるまで、オランダは一時的にではあれ、ペルナンブーコとポルトガル領アフリカを占領していた。そしてそれは、アメリカ大陸の砂糖生産とアフリカの奴隷制度に大きな影響を及ぼすことになったのである。

技術伝播のカギとなったセファルディム

ペルナンブーコが再度ポルトガルの手に落ちた1654年には、カリブ海のオランダ領植民地にオランダ人のプランターと彼らが所有する奴隷が到着し、サトウキビが栽培されるようになっていた。

カリブ海諸島では、オランダ人到着以前にもサトウキビは栽培されていたが、彼らこそ砂糖生産を定着させた人々であった。

しかし、彼らは正式にはどうも「オランダ人」ではなかった可能性が高いようである。最近では、サトウキビ栽培の技術をブラジルからカリブ海諸地域に伝播させたのは、オランダ人ではなくセファルディムであったと考えられているのだ。

セファルディムとは、15世紀末にスペインとポルトガル（イベリア半島）を追放されたユダヤ人である。セファルディムは、オランダのアムステルダムとロッテルダムに避難先を見つけ、元来のイベリア半島の故国と、外国の植民地との貿易に大きく寄与したことで知られる。

セファルディムはまた、旧世界に比べて、はるかに自由に商業活動ができた新世界へと積極的に出かけていった。その移住先は第一にブラジルであったと考えられるが、彼らはブラジルから西インド諸島に砂糖栽培が拡大し、オランダのプランテーション植民地が発展する過程で大きな貢献を果たした。

ブラジルのプランテーションで奴隷を所有しており、サトウキビの栽培法を知っていたセファルディムの一部が、オランダ、イギリス、フランスの植民地に移住したからである。そして、カリブ海を砂糖の生産の新しい拠点としたのだ。彼らは、「ユダヤ人の奴隷所有者」と言われ、しばしばジャマイカなどで批判の対象となった。

この時代のカリブ海から北米・南米にかけて、いくつものユダヤ人共同体が見られたが、彼らのほとんどはセファルディムであり、サトウキビの生産方法を新世界に広めた人たちだったのである。

このように、新世界が「砂糖の王国」となり、「砂糖革命」の舞台となったのは、黒人奴隷が西アフリカから、そしてセファルディムがスペインやイベリア半島からやってきて住み着いたからである。このどちらが欠けていても、砂糖の生産量が増え、ヨーロッパが豊かになるということはありえなかったのだ。

新世界では、多数のサトウキビが栽培され、大量の砂糖が生産された。サトウキビの栽培方法を新世界各地に伝播させたのがセファルディムであったのに対し、その栽培に従事させられたのが黒人奴隷であった。彼らは立場は違えども、いずれも故国から遠く離れた土地で、砂糖革命に寄与したのである。

第3部 ヨーロッパ繁栄は「移民」がもたらしたか

第10章　アルメニア人から見た産業革命

アルメニア商人のネットワーク

アルメニア王国は、301年に世界で初めてキリスト教を国教としたことで知られる。現在のアルメニア（旧ソ連邦）とは異なり、小アジアからイランにかけてを居住地とし、アルメニア正教会を創立して、中東の地で独自の文化を築き上げた。

アルメニア人の領域は、基本的にアジアからヨーロッパへと移動する時に必ず通らなければいけない、交通の要衝であった。そのため多くの言語を理解することができ、通訳としても活躍したという。

だが要衝ゆえに、何度も侵略に遭い、たびたび国家を失った。本拠地を回復したのは、1606年にサファヴィー朝（イラン）のアッバース1世によって、新ジョルファー（アルメニア人居住区）が建設され、15万人以上のアルメニア人が移住してきてからである。

すでにこの時には、アルメニア人はユーラシア大陸のいくつもの地域で商業に従事する

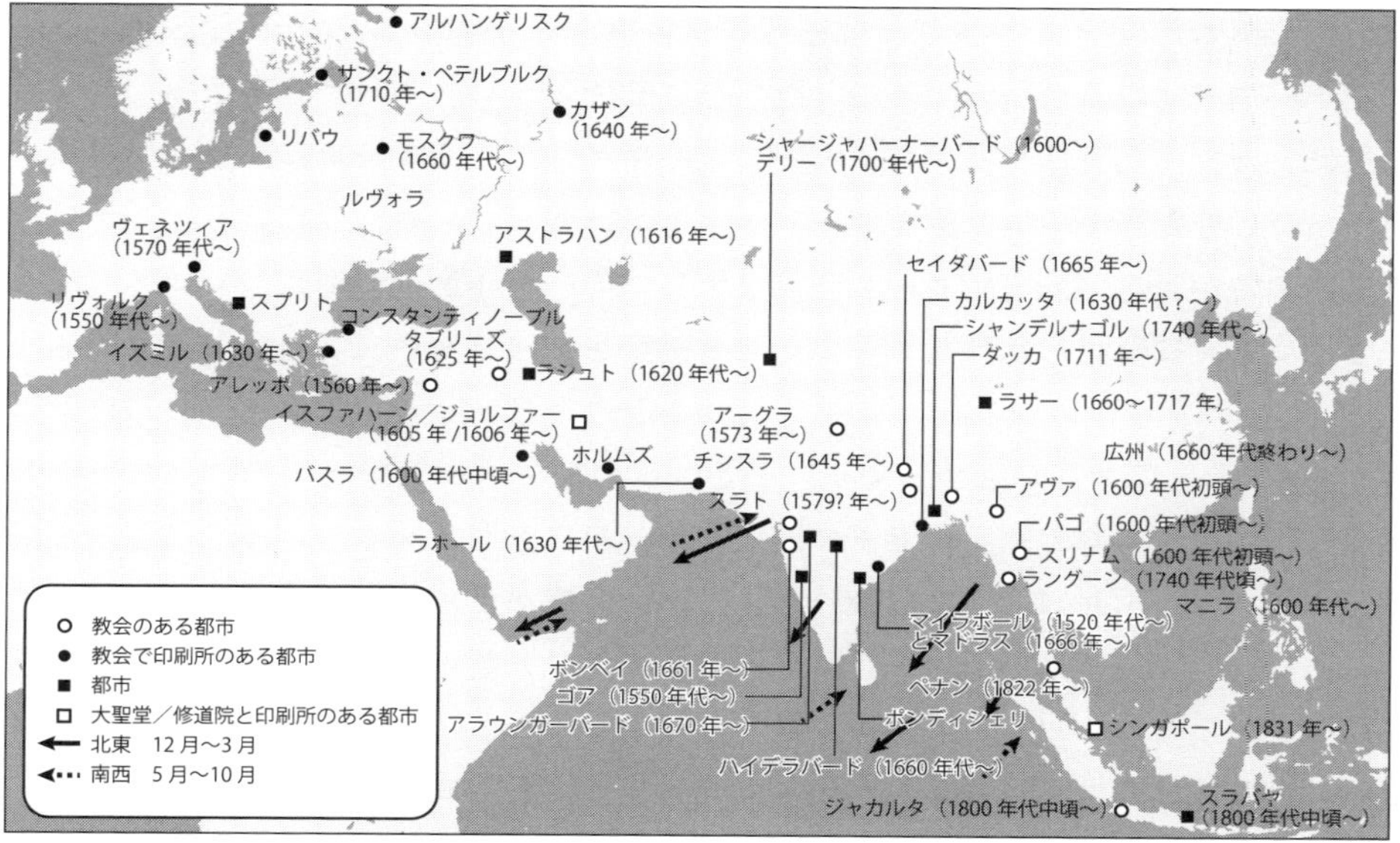

図10–1 アルメニア人の交易圏と居留地

出典:Sebouch David Aslanian, *From the Indian Ocean to the Mediterranean: The Global Trade Networks of Armenian Merchants from New Julfa,* Berkerley, 2011, p.84をもとに作成

民となっていた。その居留地は、中東を中心としてヨーロッパにまで及んだ。

16世紀のアルメニア人は絹の貿易商人として有名であった。16～17世紀のイランは、生糸の主要な生産地であり、絹をヨーロッパに輸出していた。ヨーロッパ人の消費する絹の80パーセントがイランから輸入されていたという。

そしてイランが絹との交換で輸入していたのが銀であり、アルメニア人はその両方の輸送を担っていた。アルメニア人は絹と銀の交換を主要な商業活動にしていたのである。もしヨーロッパにまで広がるアルメニア人のネットワークがなければ、そのような交換ははるかに小さなものになっていたであろう。

イランにとって、アルメニア人の商業ネットワーク、商業の知識は欠かせないものであった。イランに限らず、おそらく近世において、ユーラシア大陸である程度大規模な商業を営もうとすれば、アルメニア商人のネットワークを使わざるをえなかったであろう。

実際、イランはヨーロッパだけでなく、ロシアやオスマン帝国、インドへも絹を輸出しており、その輸送もアルメニア人が担っていた。17世紀末までにロシアルートだけでかなりの量の絹が輸出されており、1700年には10万キログラムであったと推計されている。

ユーラシア大陸でのアルメニア人の活躍

アルメニア人はインドにおいても、イギリス、サファヴィー朝や北インドのムガル帝国の外交・金融面での交渉で重要な役割を果たし、それは18世紀に至るまで続いた。

ヴァスコ・ダ・ガマがインドに到着し、16世紀以降インド洋がポルトガルの海になってから、陸上交易は廃れたように思われがちであるが、現実にはアルメニア人を中心とした陸上交易が活発に行われていたのである。

たとえば、イギリス東インド会社はアルメニア人とパートナーシップを結び、ペルシアとの交易を行った。イギリス東インド会社は、現地の言葉、習慣、当局についてよく知っているアルメニア人を利用したのだ。

さらにイギリス東インド会社は、アルメニア人を通じて東南アジアとの貿易も行った。アルメニア人は通常陸上交易で知られるが、このように海上交易に関わることもあった。まさに、そのネットワークは、ユーラシア大陸の大部分に及んでいたのである。

17〜18世紀の国際貿易において、インドはもっとも重要な拠点の一つであった。インドの繊維品と生糸は、世界市場で最良であるばかりか、もっとも安価だったからである。インドの織物は機械織りではなく手織りで、たとえば綿織物は、個々の村落で独自の製品をつくり、それを特定のマーケットに売っていた。アジアやヨーロッパの様々な地域は、そうした多様な商品を求めて、インドにやってきた。

アルメニア人は、ムガル皇帝アクバル（在位1556〜1605年）によってインドに誘致されたとされる。イスファハーンの一地区にいたジョルファー商人（アルメニア商人）は、17世紀前半にインドでもっとも豊かだったベンガルに定住した。そのため、ベンガルはアルメニア人の重要な商業拠点となり、彼らは、この地を根拠地として、オランダ東インド会社と通商上の競争をしたのである。

とりわけ東南アジア、しかもマニラやアカプルコと取引するアルメニア商人は、マドラス（チェンナイ）を拠点都市にした。マドラスは、インド洋のアルメニア商人貿易ネットワークの中核の一つであった。

17世紀末になると、明らかに、アルメニア人が宮廷でムガル帝国の商業における代理人として現れるようになった。言うなれば、アルメニア人は、ムガル帝国のために商業活動をするようになったのである。

アルメニア人の共同体は、インドのアグラで教会と隊商宿を所有していた。そしてマドラス、カルカッタの他、ボンベイや18世紀にはカリカットにも商館を建てた。

そのネットワークは、国境を越えてインド周辺にまで広がっており、チベットでは、貴金属と中国の金がインドの繊維品、琥珀《こはく》、真珠と交換されただけではなく、アルメニア人の共同体さえあったという。

アルメニア人はこのように、ユーラシア大陸の様々な地域に移動し、商業活動を行った。彼らはまた、イギリス東インド会社のみならず、オランダ東インド会社とも取引を行っていた。

彼らのネットワークがなければ、おそらく両社ともアジアで商業活動をすることはできなかっただろう。アルメニア人が果たしたこのような役割は、歴史上ともすれば忘れてしまいがちなことである。

綿はいかに取引されたか

右で見たようにアルメニア人はインドの交易に深く食い込んでいたため、インド最大の輸出品の一つである綿との関係も当然強かった。

綿の原産地は、前28世紀頃のインド西部だったと考えられている。だが、そこからの広がりはゆっくりとしたもので、綿花の栽培地は今から1000年ほど前でも東南アジアやアフリカ、ヨーロッパの一部などに限られていた。そのため、19世紀に至るまでインドは綿の輸出地域としての地位を保つことができた。

インドの綿織物、とりわけキャラコ（インド産の平織りの綿布）は肌触りがよく、比較的安価でよく売れたため、大変な人気を博した。そのため、16世紀のオスマン帝国がその模造品を生産するキャラコ捺染《なっせん》工業を発展させたのは、まったく不思議なことではなかった。

1634年になる頃には、首都のイスタンブルに25の工場があり、染色が落ちない更紗《さらさ》（木綿地の文様染め製品）の生産に特化し、150名の労働者を雇用していたという。これらの工場を所有していたのは、アナトリア北西部のトカットとスィワス出身のアルメニア

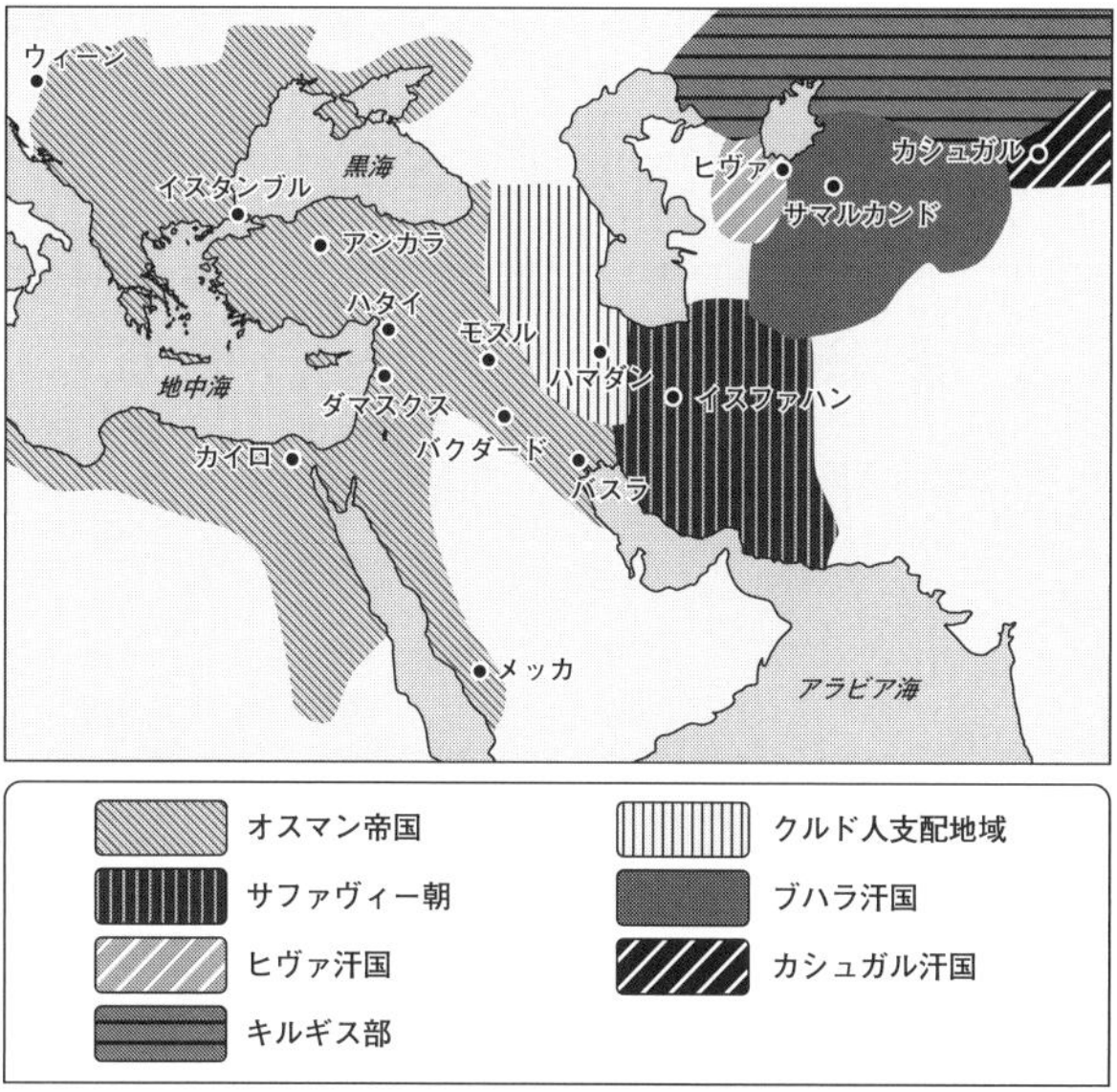

図10–2　イラン・オスマン帝国地図

人であった。

ヨーロッパ人、とりわけフランスの消費者は、オスマン帝国で捺染されたこれらの綿繊維のことをよく知っていた。フランス地中海岸の都市であるマルセイユは、17〜18世紀において、オスマン帝国に由来する捺染綿の重要な輸入地域であったことで知られる。

この綿布は、インドやイラン起源のもの（いわゆるペルシア綿布）だけではなく、アナトリア南部のディヤルバクルやシリア北部のアレッポのような場所で、多くが捺染されていた。

ディヤルバクルは、シャファルカニス（白い花を使った赤色ないし紫の更紗）を生産しており、アレッポはオスマン帝国のアジャミと呼ばれる藍色の様々な綿布の生産に特化していた。

大量にフランスとスペインに輸出されたこうした綿布は、しばしばこの2国でさらに模造されたという。また、マラティヤやチェレビのような拠点で捺染された綿布は、フランスの他に近東、東欧に販売されており、さらにグジャラートで生産された商品はイラン、バンタム（ジャワ島西側にあったイスラーム教国）、マニラとも取引された。

職人としてのアルメニア人

アルメニア人が、以上のいくつかのオスマン帝国の地域で捺染工業の鍵となったのは、彼らがインドで取引をしており、綿織物の製法についての知識や経験を豊富に蓄積していたからだった。

また、アルメニア人の取引網は広範囲にわたっていた。1605年にサファヴィー朝のジョルファーが破壊された時、アルメニア人はメソポタミア、インド、インドネシアばかりではなく、ヴェネツィア、リヴォルノ、アムステルダムに多数移住していた。移住者によって築かれたアジアからヨーロッパに及ぶネットワークによって、アルメニア人は綿織物の貿易において、卓越した地位につけたのである。

その後、ヨーロッパでもマルセイユ、ジェノヴァ、アムステルダムで綿捺染が大きく発展するが、その初期においてアルメニア人職人が大きく活躍したのも以上のような理由からであった。

たとえば1672年、2人のアルメニア人がマルセイユに「レヴァントとペルシアと同様のキャラコの彩色」のための最初の工場を建設し、地元の商人とパートナーシップ関係を結んだ。

さらに数年後の1678年、チェレビ出身のアルメニア人が、2人のアムステルダム商人とともにオランダのアマースフォールトにキャラコ捺染工場を設立した。キャラコの捺染は1690年にイタリアの都市ジェノヴァにも導入されており、アルメニア人の職人には10年間の活動の独占が認められている。

アルメニア人の熟練工がキャラコ捺染工場を建てた場所は、ジェノヴァ、リヴォルノ、マルセイユ、ナント、ル・アーブル、アムステルダムのようなヨーロッパの大都市であり、それらはすでにアルメニア人の広大な金融・貿易ネットワークの一部であったのだ。

その後、ヨーロッパ人はアルメニア人から捺染技術を学習することで、ヨーロッパのあちこちに捺染工場を建てていったと推測されている。それも、これまでのように小さな規模の工房ではなく、数百人の労働者が働く巨大な捺染工場を建設した。巨大工場の建設によって、捺染のコストが大きく低下したため、たとえばフランスのルアンなどは、キャラコ捺染の中心地として大きく発展した。

アルメニア人の工場は、ヨーロッパ人の工場と比較するとはるかに小さく、大量の人々が雇用されることはなかった。捺染業に工場制度を使うようになった時点で、ヨーロッパ人はアルメニア人とははるかに規模の違った捺染業の確立に成功したのである。

ヨーロッパ人は何を手に入れたか

さらにこの時期に起こったもう一つ重要な出来事は、産業革命であった。産業革命は、

18世紀後半にイングランド北西部のマンチェスターから始まった。新世界から綿花を輸入し、マンチェスターで完成品の綿織物にするという形態である。このイギリス産業革命は、インドの手織りキャラコに対抗するために、機械化を導入した輸入代替産業であったと言われる。

だがこの説には基本的に2つの間違いがある。一つは、マンチェスターの綿織物は、長期間にわたりリネンとの混紡であり、完全な綿織物になるには相当な時間が必要であったということである。つまり、マンチェスターの綿織物が即座にインドの手織りキャラコを代替するということにならなかったのだ。

もう一つは、マンチェスターの綿工業が競争していたのは、決してインドだけではなく、ドイツ、フランス、ロシア、オランダも重要な競争相手だったことである。

少なくとも18世紀初頭の段階では、ダニエル・デフォーによって、「ヨーロッパのどこでも……、イギリス人ほどに、リネンを大量に着用し、消費する国民はいない」と言われていたのである。しかもそのリネンは、政治的な敵国である中央ヨーロッパから来ていたのである。

さらに、教科書的な知識では、イギリス産業革命は織布過程と紡績過程の革命であったとされる。たとえば1733年に発明されたジョン・ケイの飛び杼《ひ》により、織り機の性能は急速に上昇した。さらにハーグリーヴズやアークライトの紡績機により、紡績の水準も急上昇を遂げた。

このような視点に欠けているのは、捺染技術の重要性である。綿織物は織物である以上、それを染色しなければならない。古来その染色は、人間の手でなされていた。植物や虫が、捺染用の原料として使用されていた。織布や紡績の技術はもともとヨーロッパにもあったが、捺染技術は主としてアルメニア人に由来するものだった。

だがヨーロッパ人は、その学習過程で捺染工程を機械化することに成功した。それはグーテンベルクが発明した印刷技術を捺染用へと転換することで可能になった。捺染は、英語でprintという。まさに印刷技術である。

綿織物はファッション製品であり、できるだけ魅力的な染色をほどこして、販売しなければならない。そこで捺染工程がきわめて重要になってくる。産業革命は、織布と紡績だけではなく、この捺染技術の機械化に成功したことで、まさしく「革命」的出来事となったのである。

その時点で、ヨーロッパはアルメニア人への依存から完全に解き放たれたと言えよう。産業革命とは、脱インドだけではなく、脱アルメニアの過程でもあった。こうしてイギリスは、世界で最初に産業革命を成し遂げた国として歴史に名を残したが、その陰にはアルメニア人という「移民」の存在があったのである。

第11章　大英帝国に拡散したスコットランド人

大英帝国の複雑な成り立ち

産業革命を成し遂げ、世界で最初の工業国となったのは、すでに見たようにイギリスであった。だが、一口にイギリスと言っても、その国制はきわめてわかりにくくなっている。現在のイギリスの正式名称は、United Kingdom of Great Britain and Northern Ireland であり、直訳すれば、「グレートブリテン及び北アイルランド連合王国」となる。

その国旗は、ユニオンフラッグであることはよく知られているが、それがある面、妥協の産物であったことはさほど知られてはいまい。

初代のユニオンフラッグは、1603年にイングランド女王であったエリザベス1世が亡くなり、スコットランド王ジェームズ6世（イングランド王としてはジェームズ1世）が王位についた時にできた。

これは、イングランドとスコットランドの同君連合の時代の国旗であり、両国の国旗の特徴がそのまま合わさったのだ（ただし、1707年にスコットランドがイギリスに統合されると、「同君連合」とは言えなくなる）。

現在のユニオンフラッグは、ここにアイルランドが1801年に併合されてアイルランドの国旗の特徴が加わって成立したものである。

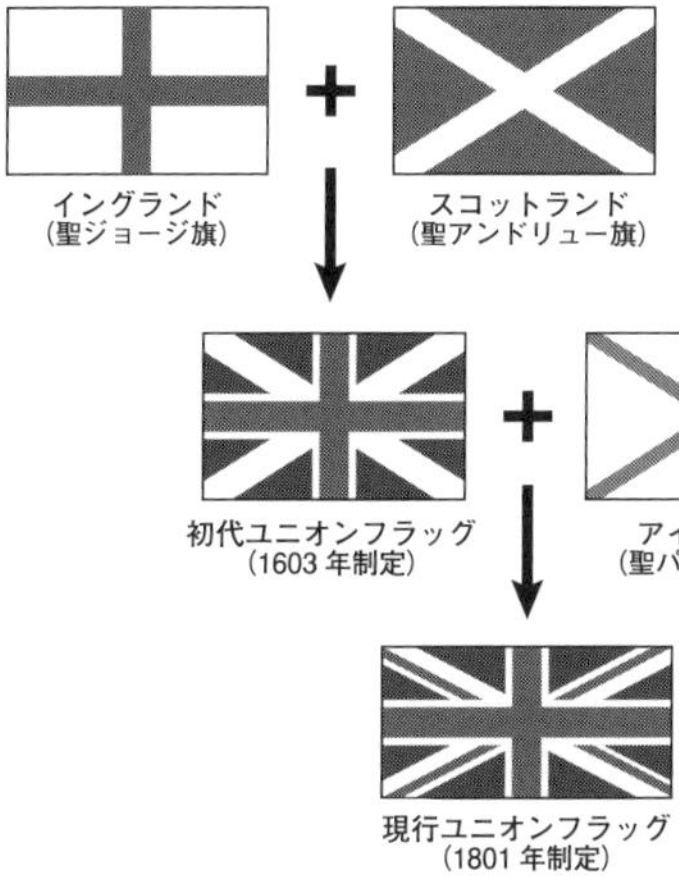

図11–1　ユニオンフラッグ

同様のことは、国旗以外の点にも当てはまる。イギリスの皇太子はPrince of Walesと言う。直訳すれば、「ウェールズ皇太子」である。しかもそういう人物が、スコットランドの伝統の柄であるタータンチェックを身にまとっているのだ。

こうした事実は、イングランドが併合した他国をなんとか懐柔しようとしてきた歴史を窺わせる。イギリスとはイングランドを中心とした他の国々（正確には以前には国家であった地域）が結合した複合国家なのである。歴史学では、このような複合国家は、近世の特徴だとされる。しかし現実には、ヨーロッパ諸国の多くは現在もなお基本的に複合国家であり、その代表例がイギリスだと言えよう。

このような観点から見るなら、２０１６年の国民投票で決まったBrexitの意味もわかりやすくなろう。周知の通り、Brexitとは、ＥＵ（欧州連合）からのイギリスの脱退を意味する言葉である。

だが実際には、ＥＵから離脱したかったのはイングランドであり、スコットランドやウェールズではない。スコットランドなどは、依然としてＥＵにとどまりたいのである。このように、イギリスの内的なきずなは、決して強くはない。イギリスは、徐々に分裂しつつある国だと言ってもいいかもしれない。

イギリスがともかくも一国として存在できたのは、この国が世界にまたがる大帝国を形成していたからである。スコットランドもアイルランドも、ある程度、その恩恵にあずかった。だからイギリスという国がこれまでまとまりを保てたのである。かつての植民地との紐帯が薄れつつある中、イングランドはいまだ大帝国のイメージから抜け出せていないのであろう。

じつはこのような問題はイギリスに特有のものではない。イギリスにもっとも強く感じられるに過ぎないというだけなのである。イングランドとスコットランドとの関係は、ヨーロッパ諸国の主要な地域と周辺地域の関係に見られることでもあるのだ。

移住するスコットランド人

一般にスコットランド人は1707年のイングランドとの合同（Union）によって海外に移住するようになったと言われる。しかし実際のスコットランドは、合同以前から、まさに移民の国であった。

代表的なスコットランド史家であるT・C・スマウト氏によれば、17世紀のスコットランドの人口は100万人程度に過ぎなかったが、他国に渡った移民は1世紀の間に合計20万人に達したという。

とりわけ、若者がスコットランドからイングランド、さらにはヨーロッパ大陸の様々な国に出かけ、17世紀最初の数十年間には、3～4万人ものスコットランド人が外国に移住した。また別の計算では、1600～1650年に、スコットランドに住むスコットランド人の数は、毎年2000人ずつ減少している。

スコットランド人は、兵士として優れていた。つまり、彼らは傭兵として他国に雇われたのだ。17世紀において、スコットランド人は、オランダの軍人としても活躍した。スコットランド人がオランダに向かったのは、この国の国教がカルヴァン派の改革教会であり、カルヴァン派の長老派からなるスコットランド教会と親和性があったからである。そのためロッテルダムには、スコットランド人のための教会が建設された。

1618～1648年の三十年戦争でも、スコットランド人が兵士として活躍した。ブリテン諸島から約11万人が軍人としてこの戦争に参加しており、そのうち6万人がスコットランド人であったと思われる。

彼らは、とりわけプロテスタント国のノルウェー・デンマークとスウェーデンの軍で活躍した。スコットランド人は、北欧の軍隊の将校として欠かせない存在であった。

スコットランド人は傭兵の他に、商人としても活躍しており、すでに1620年代からデンマークやバルト海周辺諸国に移住していた。

一方、スコットランドという国は本来、農業生産性がきわめて低かった。移民の流出はマイナスというより、そのおかげで同国の人口が過剰にならず、食料問題が起きなかったと見ることもできる。

つまり、移民の流出が社会のセーフティネットの役割を果たしたのだ。スコットランドでは飢饉《ききん》、宗教的抗争も発生したが、移民が流出していたため、飢饉の規模は小さくなり、紛争の芽は国外に向けられ、社会の混乱が最小限に抑えられたと考えられるのである。

彼らが移民となったのは、海外での事業活動に参加すれば、国内でとどまるよりも、大きな利益を獲得できる可能性があったからだ。海外にはスコットランド人のコミュニティがあり、そこに行けば、少ないリスクで商業に従事することができたのである。

しかし、イングランドとの合同によって、こうした移住のパターンが大きく変わった。それ以前にはイングランドの動向とはあまり関係なく移住していたのが、大きく関係するようになったのだ。それは、大英帝国が形成されるようになったからである。

メイフラワー号

ヨーロッパからアメリカへの移民

イングランドは17世紀初頭にアメリカへと進出した。初期の移民として有名なものは、1620年に現在のマサチューセッツ州プリマスに到着したメイフラワー号に乗った人々である。

彼らは当時のイングランドで迫害を受けていたピューリタン（清教徒）であり、信仰の自由を求めて、新天地へと向かった。そのため、巡礼の父を意味する「ピルグリム・ファーザーズ」と呼ばれる。

アメリカがピューリタニズムの国になったのは、これに続いてイングランドから大量にピューリタンが移住したからである。ただし、アメリカに渡った人々の中にはピューリタンではない貧民もおり、彼らは白人の年季奉公人として労働した。

当時のスコットランドからも、ニュージャージー州東部とカロライナ州に合わせておよそ7000人が移住したと推測される。スコットランドのローランド地方（スコットランド中部の低地帯）からの移住者が多く、その多くは1660年以降に大西洋を渡った。

17世紀の間にイギリス全体で25万人という非常に多くの人々がアメリカに移住しているので、7000人しかいなかったスコットランド人は、この時点では少数派だった。彼らは、イングランド人、ウェールズ人、アイルランド人と同様にプランテーションで労働し、タバコ、米、（織物の）染料、砂糖を生産するのに従事したという。

だがこのような状況は、18世紀になると大きく変化する。表11-1は、1701〜1780年のブリテン諸島からアメリカへの移民数を表したものである。驚くべきはアイルランド移民の多さであるが、ここでは直接関係ないので論じない。

注目したいのはイングランド・ウェールズと比較して、人口が少ないスコットランドからの移民数が多いことである（1750年の時点で、イングランドの人口は、スコットランドよりも5倍も多かった）。

スコットランドの中ではローランド地方からアメリカに移住した人々の比率が高いが、

表11–1　ブリテン諸島からアメリカへの移民数

1701–1780年（単位:1000人）

イングランド・ウェールズ			80
スコットランド			80
	ローランド地方	60	
	ハイランド地方	20	
アイルランド			115
	アルスター	70	
	南部	45	
合計			275

出典：T. M. Devine, *Scotland's Empire: The Origins of the Global Diaspora,* London; Penguin Books, 2004, p.97.

彼らは借地農、年季奉公人、織工、職人、農業労働者、ハイランド地方の小作人などであった。

また少数ではあったが、１７１５〜１７４６年に起こった（名誉革命でフランスに亡命したカトリックのジェームズ２世の子孫を正当な王位継承者とする）ジャコバイトの反乱により逮捕された囚人が流刑されたこともあった。

囚人は別として、ほとんどの移民がアメリカに渡った理由は、より豊かな生活を求めたからであった。すなわち土地を所有し、より賃金の高い仕事、さらにはイギリスでは得られないようなチャンスを手に入れるために、アメリカを目指したのである。

もちろんアメリカには、他のヨーロッパ諸国からも大量の移民が流入した。１７００〜１７７０年代には、11万人のドイツ人の一団がニューイングランド、カロライナ州、メリーランド州、ヴァージニア州、カナダのノヴァスコーシアに移住した。

さらに１７６０年までに、約17万５０００人の黒人奴隷がアメリカに送られ、プランテーションで働かされた。彼らは、ヴァージニア州だけで、人口の40パーセントを占めた。七年戦争（１７５６〜１７６３年）とアメリカ独立戦争の勃発（１７７５年）の間に、さらに８万４０００人の黒人奴隷がイギリス領北米植民地に到着した。

このように、イギリス領アメリカであっても人口構成は多様であったが、スコットランド人は、その一角を占めるまでになっていたのである。

スコットランド人が果たした役割

スコットランド人は、１７７５年以前にはニューヨーク州や、荒地が多かったノースカロライナ州、ヴァージニア州に移り住むことが多かった。ノースカロライナ州は、「ニュースコットランド」と呼ばれていたほどである。しかしスコットランド人は、どちらかと

表11–2　アメリカ合衆国のスコットランド生まれの人々（1790年）

地域と州	人口	スコットランド人の割合（%）
ニューイングランド		
メイン州	4325	4.47
ニューハンプシャー州	8749	4.5
ヴァーモント州	4339	5.1
マサチューセッツ州	16420	4.4
ロードアイランド州	3751	5.8
コネティカット州	5109	2.2
大西洋中部		
ニューヨーク州	22006	7.0
ニュージャージー州	13087	7.7
ペンシルヴァニア州	36410	8.6
デラウェア州	3705	8.0
南部		
メリーランド州	15857	7.6
ヴァージニア州	45096	10.2
ノースカロライナ州	42799	14.8
サウスカロライナ州	21167	15.1
ジョージア州	8197	15.5

出典:T. M. Devine, *Scotland's Empire*. p.100.

言うと一箇所に集住するよりも、アメリカ全体に広がる傾向が強かった。

だがその傾向は、アメリカ合衆国誕生後にさらに変化する。表11−2に見られるように、1790年には南部にいるスコットランド人の比率が高い。これは、タバコや砂糖のプランテーションでの（奴隷ではない）労働に従事したためだと考えられよう。

スコットランド人は、カナダにも大量に移住した。彼らは、カナダではイングランド人、フランス人の次に位置するほど人口が多かった。スコットランド人のカナダへの移住は、19～20世紀になっても増加する傾向にあった。1783年の（アメリカ独立戦争を終結させた）パリ条約以降、ハイランド地方からの移民が増え、1815年には1万5000人に達している。

こうして見てみるとスコットランド人が、大英帝国の拡大と歩調を合わせるようにして、アメリカやカナダなどの北米地域に移民していったことがわかる。これはイングランドとの合同前には見られなかったことだ。

スコットランド人は、北米にとどまらず、大英帝国の様々な植民地へと移住した。インドでは、イギリス東インド会社の職員として働き、さらにアジア内部での貿易により巨額の利益をあげた。

またオーストラリアやニュージーランド植民地にも移住した。植民地の至る所に移住したため、トム・ディヴァインという歴史家が、「大英帝国とはスコットランド人の帝国であった」と主張しているくらいである。

もちろんスコットランド人は、産業革命が進行中のイングランドにも移住した。企業家精神に満ちていたスコットランド人は、（スコットランドにとどまらず）イギリスの産業革命にも貢献したのである。

たとえば、蒸気機関の改良者として知られるジェームズ・ワットは、スコットランドのグラスゴーに近いグリーノック出身である。スコットランドの大学は、イングランドの大学よりも実学志向が強く、そのため産業革命により適した授業を行っていた。ワットが蒸気機関の改良に成功した一因は、そこに求められよう。

なお、スコットランド人に企業家が多かったのに対し、アイルランド人には労働者が多かった。イギリス産業革命成功に、スコットランド人企業家とともにアイルランド人労働者が寄与していたことを指摘しておきたい。

お雇い外国人とスコットランド人

スコットランド人が移住した先は、必ずしも大英帝国内部に限らなかった。極東の島国にさえ、スコットランド人はやってきたのだ。

スコットランド人に企業家が多かったとは言っても、全体から見ればあくまで一握りに過ぎず、そうではない人々はイギリスにとどまれば、社会的地位を高めるのがなかなか難しかった。

実際、イギリスで公職につけたのはイギリス国教徒だけであり、スコットランド人の多くは長老派に属していたこともあって、スコットランド人というだけで軽蔑されたからである。

さらに彼らが日本に来たのは、それにとどまらず、報酬が非常に高かったからである。200年以上も鎖国していたために、明治維新後の日本は科学技術はもとより社会制度や教育制度など、様々な面で欧米よりも相当程度遅れていた。そのため日本政府は、「お雇い外国人」を高待遇で雇用し、急速な近代化を目指したのである。

こうして雇われた人々の中に、大勢のスコットランド人がいた。むろん、当時の日本人にはイングランド人とスコットランド人の区別はつかなかったから、イングランド人もスコットランド人も、「エゲレス人（イギリス人）」だとみなされていた。

そのためスコットランド人がどの程度いたのか、正確にはわからない。だがお雇い外国人の中で「イギリス人」が占める比率がもっとも高かったことは図11-2からも明らかであり、1874（明治7）年にピークに達したお雇い外国人のトップを、常にイギリス人が占めていたのは事実である。この半数程度がスコットランド人であったという説もある。

「イギリス人」が雇用された官庁としては、工部省がもっとも多かった。1872年には、お雇い外国人の総数が213人で、工部省の雇用数が119人、そのうち「イギリス人」の数は、104人に上った。

「イギリス人」は、特に鉄道、通信方面で働いた。一般に、日本の鉄道敷設にはスコットランド人技師が大きく寄与したとされる。グラスゴーはイギリス第二の工業都市であり、スコットランドの技術水準はきわめて高かった。彼らが日本の鉄道建設に大きな影響を与えたのは自然なことであろう。

たとえば、スコットランド人トマス・ブレーク・グラバーは、スコットランドのジャーディン・マセソン商会の長崎代理店としてグラバー商会を創始したことで知られる。彼は日本に最初の蒸気機関車を導入し、長崎で8マイルの蒸気機関車の試走をした。

スコットランド人の日本への貢献は、技術部門に限らなかった。たとえばスコットランド人アレグザンダー・シャンドは、スコットランドの銀行に入行した後、日本に招聘《しょうへい》され、

1872年9月に大蔵省の紙幣寮附属書記官となった。そして銀行簿記の普及に尽力しただけではなく、日本銀行の創設に関与した。

日露戦争の直前に高橋是清《これきよ》のロンドンでの外債発行に助力したのも、イギリスに帰国していたシャンドだった。シャンドがいなければ、日本は日露戦争に勝てなかったかもしれない。スコッランド人の日本の近代化に対する貢献度は、非常に高かったと言えよう。

大英帝国崩壊で何が起こるか

日本は別として、見てきたようにスコットランド人は、大英帝国内の様々な地域に移住した。アメリカ、カナダの他、インドではイギリス東インド会社の職員になり、さらにはオーストラリアやニュージーランドにまで移住先を求めた。

スコットランドは、イングランドに併合される1707年以前から、北海・バルト海地方を中心にヨーロッパ各地に移民を送り出していた。スコットランド人の傭兵がいなかったなら、17世紀のヨーロッパ大陸の戦争は、継続できなかったかもしれない。

だが、イギリスの一部を形成するようになると、積極的にその植民地に出かけ、大英帝

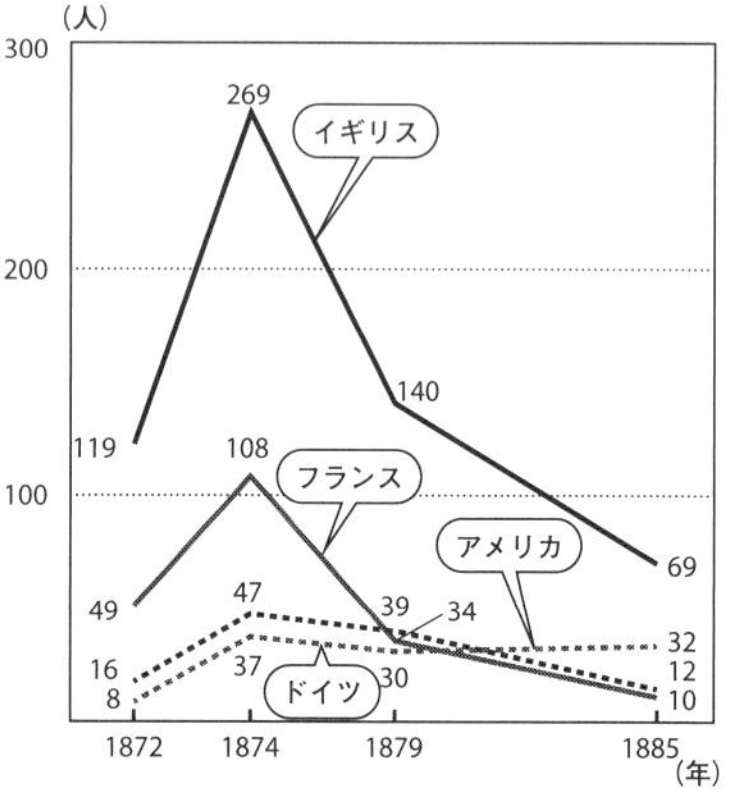

図11–2　国籍別お雇い外国人の推移　出典:『お雇い外国人——明治日本の脇役たち』(梅溪昇、講談社学術文庫、2007年、233頁) をもとに作成

国からの移民の少なからぬ部分を構成するようになった。

スコットランドとは、やはり貧しい国であった。世界各地に植民地ができると移住し、そこでより豊かになることを選ぶ人も多かった。スコットランドは、こうして大英帝国をうまく利用することで、利益を得てきたのである。

日本でお雇い外国人として活躍できたのも、イングランド人とともに来日しなければ、不可能であっただろう。大英帝国があったからこそ、スコットランド人が世界のあちこちで活躍できたことは、見逃されるべきではない。

現在では大英帝国は崩壊し、もはやスコットランドがイングランドと結びついてイギリスという国を形成するメリットは少なくなった。スコットランドにとっては、ヨーロッパ大陸とのつながりを強化したほうが、むしろメリットが大きい。

このような構造は、特にイギリスに顕著だが、他のヨーロッパ諸国にもある程度当てはまる。とりわけ帝国主義政策をとり植民地を有した国々は、それによって国内の少数民族に利益を与えることで国家を統一してきた。

だがそれが不可能になったことが、少数民族が独立の動きを強めることに繋がっている。スペインのカタルーニャ独立運動は、その一つである。現在のヨーロッパが抱える様々な問題の根は、こうしたところに存在していると言っていい。

第12章　ヨーロッパ人はなぜ植民地に渡ったか

グローバリゼーションの時代

グローバリゼーションとは、文字通り世界が一体化することである。それがいつ開始したかを明確に言うことは難しいが、世界経済が一体化するという意味でのグローバリゼーションの起源を19世紀に求めても、間違いとは言えないであろう。

ヨーロッパは19世紀に、世界的な植民地を持つようになり、世界中の輸送網を支配したからである。その中心になったのは、イギリスであった。本国と植民地とが強く結びつくことで、世界は急速に縮まっていったのである。

19世紀のグローバリゼーションに関するもっとも影響力のある書物であろう『グローバリゼーションと歴史』を著《あらわ》したオルーク氏とウィリアムソン氏は、開放経済（イギリスによる自由貿易）と、それに伴う大量の移民が、世界の一体化の主な原因であったと言う。

図12-1は、1913年時点でのヨーロッパとその植民地を表す。世界が、どれほど強

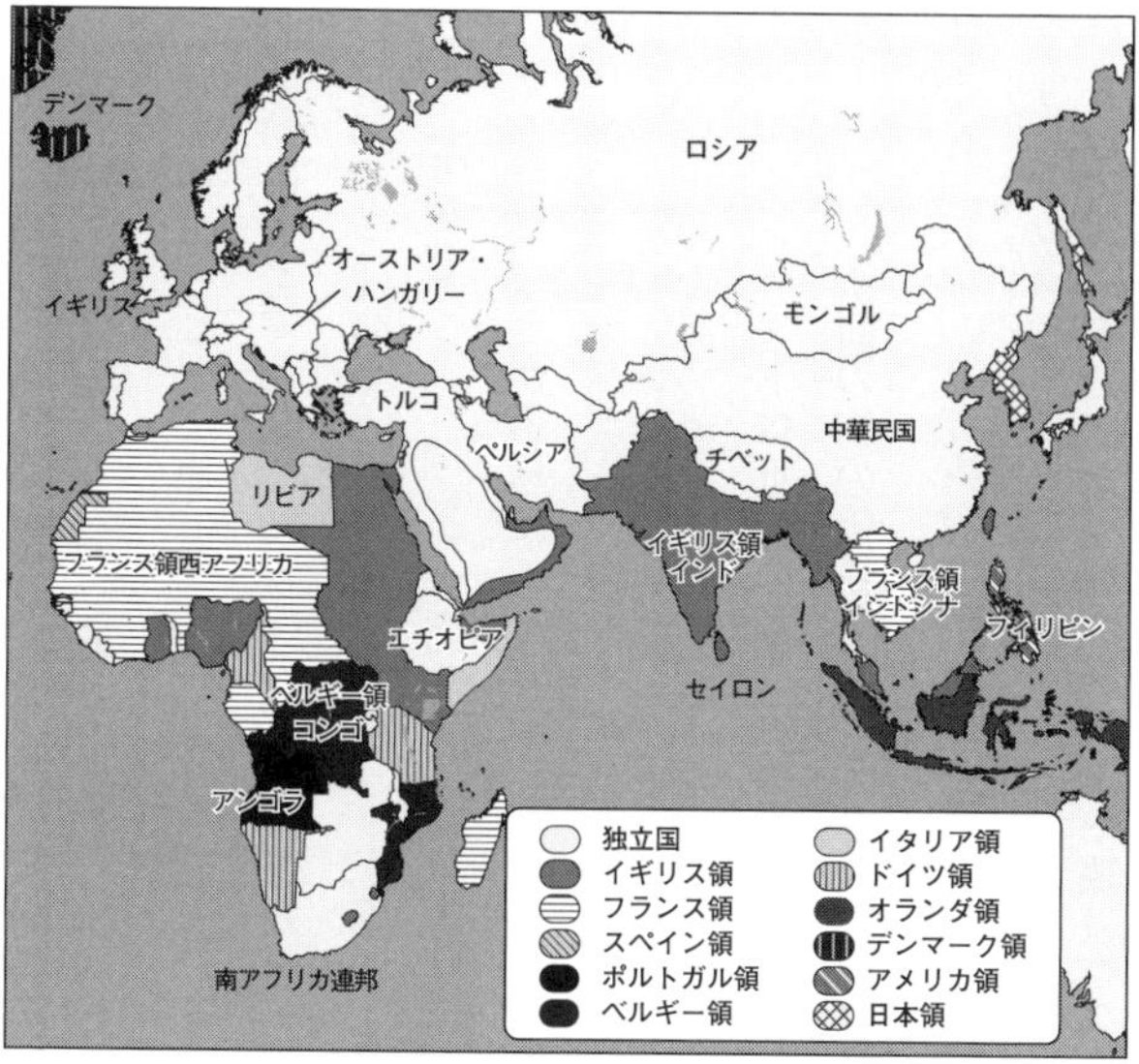

図12–1　第一次世界大戦勃発時のヨーロッパとその植民地

くヨーロッパによって支配されていたかが、この地図から理解できるであろう。

ヨーロッパが支配する世界が大きく拡大したのは、19世紀の間のことである。当時のヨーロッパは産業革命を経験しつつあった。植民地は第一次産品の輸出地域になり、原材料をヨーロッパ船で輸出した。それをヨーロッパは工業製品に加工し、植民地で販売した。

現代社会とは大きく異なり、植民地に工場が建てられることはなかった。植民地は、第一次産品を供給する地位に貶《おとし》められたばかりではなく、ただヨーロッパのマーケットとしてみなされていたのである。

ヨーロッパと植民地は、このような関係にあった。ヨーロッパ人は統治のため、また経済活動によって利益を獲得するために植民地に滞在した。

さらにヨーロッパ人は、19世紀までに独立した、アメリカをはじめするメキシコやブラジル、アルゼンチンといった南北アメリカ大陸の国々にも、より高い賃金を求めて移住した。

そうしたことが容易にできるようになったのは、言うまでもなく、蒸気船が登場したためである。帆船から蒸気船へと移動手段が変化し、蒸気エンジンの改良が行われるなど、輸送効率を上昇させる方法の導入が、この時に急速に進んだのである。

そのインパクトは世界の商品価格差の変化に顕著に表れている。たとえば、リヴァプール―ボンベイ間の綿の価格差は、1857年に57パーセントであったのが、1913年には20パーセントになった。

同期間のロンドン―カルカッタ間のジュート（黄麻）の価格差は、30パーセントから4パーセントにまで縮まった。蒸気船や鉄道の発達により、輸送コストが著しく下がったのである。

そのため、労働者はたやすく世界中を移動することができるようになり、帝国主義の時代に、ヨーロッパ人は主として新世界に多数移住したのである。

蒸気船の発達

現在の研究では、18世紀までヨーロッパ船の速度はあまり変化しなかったとされている。19世紀になってようやく船舶のスピードアップが実現した。

しかし、船舶がスピードアップすることと、それが以前よりも確実に早く予定港に到着するということは、決して同じではない。風向きや天候の影響を受けやすい帆船では、たとえスピードアップしたとしても、要する時間が安定するわけではなかったからだ。

だが蒸気船は、帆船ほどには風向きや天候による影響を受けない。つまり、航行の信頼性が大きく高まったのである。「定期航路」が増加したのも、蒸気船が増えたからである。

「定期」とは、「予定通り」「時刻通り」に航行するという意味である。それは、航行の信頼性が高い蒸気船だからこそ可能になった。さらに技術の発展によって、定期航路の距

初めて乗客を乗せた試運転に成功した「クラーモント号」

離はどんどん長くなっていった。

19世紀後半になると、遠洋航海の場合、明らかに帆船よりも蒸気船のほうが頻繁に使用されるようになった。たとえば、イギリスの港に出入りするイギリス船に占める蒸気船の比率は、1860年が30・1パーセント、1870年が53・2パーセント、1880年が74・9パーセント、1890年が90・8パーセントと、急速に上昇している。

航海に必要な日数は、確実に減少していった。たとえば、1820年代から1870年代にかけて、ブラジル(リオデジャネイロ)―イギリス(ファルマス/サザンプトン)間での情報伝達のスピードの変化を比較すると、1820年には62・2日間必要だったのが、1872年には20日間へと大幅に短縮した。

アジアでも、同様のことが言えた。中国近代史の専門家である松浦章氏の研究によれば、19世紀前半にイギリスの蒸気船が上海に来航したのをきっかけに、蒸気船の勢力はどんどん拡大していった。

アヘン戦争を終結させた1842年の南京条約によって、広州、福州、厦門《アモイ》、寧波《ニンポー》、上海の五港が開港されると、ジャンク船の使用はさらに減少した。中国とシャムの貿易においても、蒸気船の使用が増加していったのである。

ジャンク船は蒸気船と比較すると、一般に小型であった。しかも帆船であるため、風による影響を受けやすく、航行の規則性がなかった。

清国では1872年に中国独自の汽船会社である輪船招商局がつくられた。日本では1885年に日本郵船会社が創設される。これらが、アジアの二大汽船会社であり、欧米の汽船会社と競争することになった。

中国では、やがて上海—杭州間の旧式民船（帆船）は、小型汽船に取って代わられるようになり、内陸河川でも使われるようになった。輸送量は増え、輸送日数は大幅に低下した。帆船であるジャンク船はなお存在したが（現在も活躍している）、東アジアの物流を大きく変えたのは、間違いなく蒸気船であった。

ヨーロッパ人はなぜ新世界に移住したか

このように18世紀後半にイギリスで始まった産業革命は、19世紀になると、大陸ヨーロッパ諸国へと波及し、そこから世界に大きな影響を及ぼすようになった。ヨーロッパでは産業が発展したため、労働者の活躍の場は広がり、賃金も長期的には上昇した。だが当然のことながら、依然として貧しいままの人たちもいた。彼らは、より高い賃金を求めて、新世界へと移住するより他なかったのである。

図12-2は、1820年から1940年にかけての国際労働力の主要な流れを示す。ここからわかるように、ヨーロッパからアメリカ合衆国への移民は圧倒的に多い。

ある計算では、1820年から1914年にかけて、6000万人ほどの人々が、新世界へと渡ったという。19世紀初頭にはまだ自由な労働者の移動は少なく、その数は1820年代の年間1万5380人に過ぎなかった。それに対して、奴隷輸送は6万2250人であった。

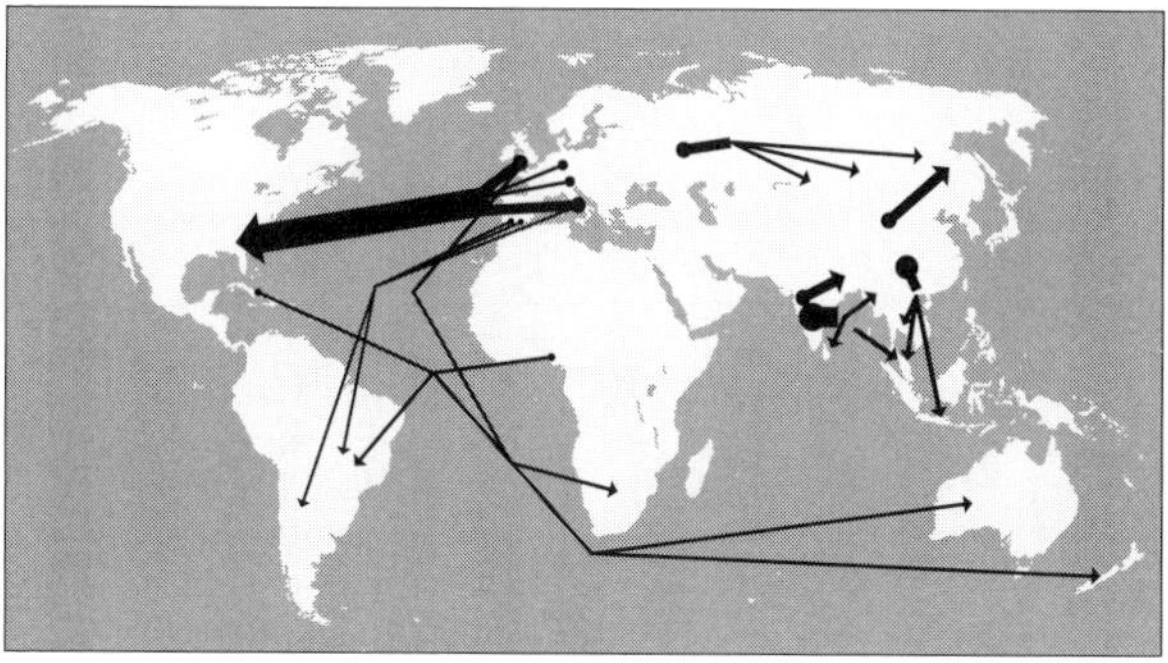

図12–2　国際労働力移動の主要な流れ
出典：「近代世界システムと人間の移動」『岩波講座 世界歴史19 移動と移民』（杉原薫、岩波書店、1999年、11頁）をもとに作成

ところが１８４０年代には、自由な労働者の移動だけで、年間17万８０００人となった。そして１８４６年からの30年間は、ヨーロッパの大陸間移民（新世界とはかぎらない）が年平均で約30万人にまで達したのである。

すでに述べたように彼らが移住したのは、より高い賃金を求めたからであった。一例では、アメリカ合衆国に移住したアイルランド人、イタリア人、ノルウェー人の賃金は、それぞれ32パーセント、28パーセント、10パーセント上昇したという。

その結果、１８７０〜１９１０年の間に、国際的な実質賃金の差異は28パーセント縮小した。もし大量移民がなければ、賃金格差は１９１０年の段階で１２８パーセントになったという推計がある。1870〜1910年の実質賃金の格差縮小には、移民の寄与が大きかったと考えられよう。

新世界に渡った移民の移動コストを負担したのは、それ以前に新世界へ渡っていた移民であった。すでに新世界にいた移民たちが、彼らの知り合いである人々の移動費用を負担し、新世界の情報を提供したのだ。過去の移民が現在の移民を促進する、このシステムを歴史家は「チェーン・マイグレーション」と名づけている。

産業革命の進展により、19世紀のヨーロッパは確かに豊かになった。しかしその影響は、なおかぎられた範囲にとどまっていた。大量の移民が存在したのはその傍証である。ヨーロッパの工業化の影響は、決してヨーロッパ人全員に及んだわけではなかったのだ。

また、この時期に大量に移民を受け入れたアメリカ合衆国側では労働者が不足していた。労働者数を減らし、賃金を上昇ないし維持させたいヨーロッパ人にとって、アメリカは格好の受け入れ先だったに違いない。

こうしてヨーロッパは、低賃金の労働者を移民として海外に出すことに成功し、移民労働者を大量に受け入れた南北アメリカ、特にアメリカ合衆国は大きなメリットを得たのである。

ちなみに、ヨーロッパからの移民は、彼らが白人であったがゆえに、比較的金銭面では恵まれていた。しかし、アジアからの移民は、彼らほどには恵まれてはいなかった。たとえば南北戦争の終結で黒人奴隷が解放された1865年以降に、安価な労働力として使われたのは中国人だった。さらにインド人の移民も増えた。彼らは、ヨーロッパからの白人移民よりも安価な賃金で働いたため、黒人奴隷の代わりとして重宝されたのである。

イギリス国内で起こっていたこと

最後に、どのようなヨーロッパ人がアメリカ合衆国をはじめ、新世界へと移住したかをもう少し具体的に考えてみたい。

たとえば、産業革命をいち早く成し遂げたイギリスは、19世紀の間に農業社会から工業化社会へと変貌を遂げていた。しかし工業化し、都市化していった社会では、女性が就業できる職業は限られていた。

その中で、「ガヴァネス」は中流階級の女性が働いてもよい（軽蔑されない）数少ない職業であった。ガヴァネスの専門家である川本静子氏によると、19世紀中頃のイギリスで、ガヴァネスと言えば、生活の糧《かて》を得るために教師として働くレディであった。

ガヴァネスの数は、1851年の人口調査では2万1000人、1865年の人口調査では2万5000人であった。ガヴァネスの給料は決して高くはなく、ハウスキーパー程度であった。ガヴァネスは、教師としての訓練を受けてはいなかったので、子どもたちの衣類の繕《つくろ》いをしなければならないことも多かった。現実には、彼女たちは家庭教師兼女中だと言われても仕方がなかった。

しかしガヴァネスが、決して軽蔑されない職業であることが、多くの女性労働者にとって大切であった。重要なのは彼女たちが社会的には曲がりなりにもレディとして位置づけられていたことであり、階級社会のイギリスでは、レディとみなされる数少ない職業だったのだ。彼女たちの経済状況は決してよいものではなかった。むしろ、悪名高いまでに低かったという意見すらある。しかし、彼女たちはあくまでレディであった。

さらに1848年から1853年にかけ、女子中等教育機関が新設されると、ガヴァネスの基準は上がり、基準に満たない者は国内ではガヴァネスになるのが難しくなった。

だが、イギリスは世界中に植民地を持つ大帝国であった。そのため、1860年代になると、植民地であるオーストラリアやニュージーランドでガヴァネスとして働く女性たちが出てきたのだ。彼女たちはイギリス本国では、ガヴァネスになれない人々であった。

本国で食いつぶした人々が植民地に行くということは、すでに見てきたように18世紀から北米植民地などであった。実家を出て、結婚するまで他人の家で奉公するため、新世界に渡った若者たちもいた。インドに渡って巨額の富を得た人が、ネイボッブ（インド成金）としてイギリスに帰国することも見られた。

彼らと同様の目的で、女性労働者の代表とも言えるガヴァネスは、大英帝国の植民地であったオーストラリアやニュージーランドに渡ったのだ。イギリスでは帆船の時代は終わりを迎えつつあり、蒸気船がオーストラリアやニュージーランドにまで向かうようになっていた。蒸気船により、これらの地域にも定期航路ができたため、これほどの遠隔地であっても、容易に向かうことができたのである。

アメリカの台頭

もっとも、ガヴァネスなどの植民地への移住は、前章のスコットランド人の話と同様に、イギリスが世界にまたがる大帝国だったからこそ可能だったと言える。

これはイギリスに限らず、フランス、ドイツ、スペイン、ポルトガル、オランダなどの、世界に植民地を持っていた他のヨーロッパ諸国も同様であった。

それらの国々は、国内では貧しい生活を余儀なくされる人々を植民地に送ることで、国内の政治的安定を得た。だがそれは、多くの国内問題の解決を植民地に押しつけたものであり、第一次世界大戦が終わり、植民地が独立の意識に目覚めると、このシステムは大きく揺らぐことになる。

その後、ヨーロッパに代わって台頭したのは、アメリカ合衆国であった。アメリカはヨーロッパとは大きく異なり、産業革命や造船業に必要な資源は、ほぼすべて自国内で調達することができた。それがアメリカの繁栄の源であった。

またアメリカは広大な領土を持ち、人口密度が低かったので、労働力を収容する余地が存分にあった。だからこそ、ヨーロッパから大量の移民を引きつけることができ、そのエネルギーを自国に取り込むことができたのである。

「移民」という観点から見た時、世界史の主役がヨーロッパからアメリカに移っていったのは必然であったと言えよう。

第13章　世界史のなかのヨーロッパ移民問題

帝国主義が決めた世界地図

それにしても、改めて前章の図12-1を眺めると、1913年当時のヨーロッパ諸国が世界中にいかに多くの植民地を持っていたか、驚かざるをえない。

ここに描かれた領土は、実質的に支配した地域であり、政治的・経済的な影響があった地域は、これよりはるかに大きかったのである。

それに対して図13-1は、1800年の時点での世界地図である。この2つの地図を比較すると、ヨーロッパは19世紀の帝国主義時代に、アジアやアフリカに対して急速に植民地化を進めたことがよくわかる。

帝国主義時代とは、ヨーロッパ（さらにはアメリカ）が、世界を収奪した時代だと位置づけて問題はあるまい。ヨーロッパの工業製品が世界中に、ヨーロッパ、とりわけイギリスの蒸気船で輸送されていたのである。

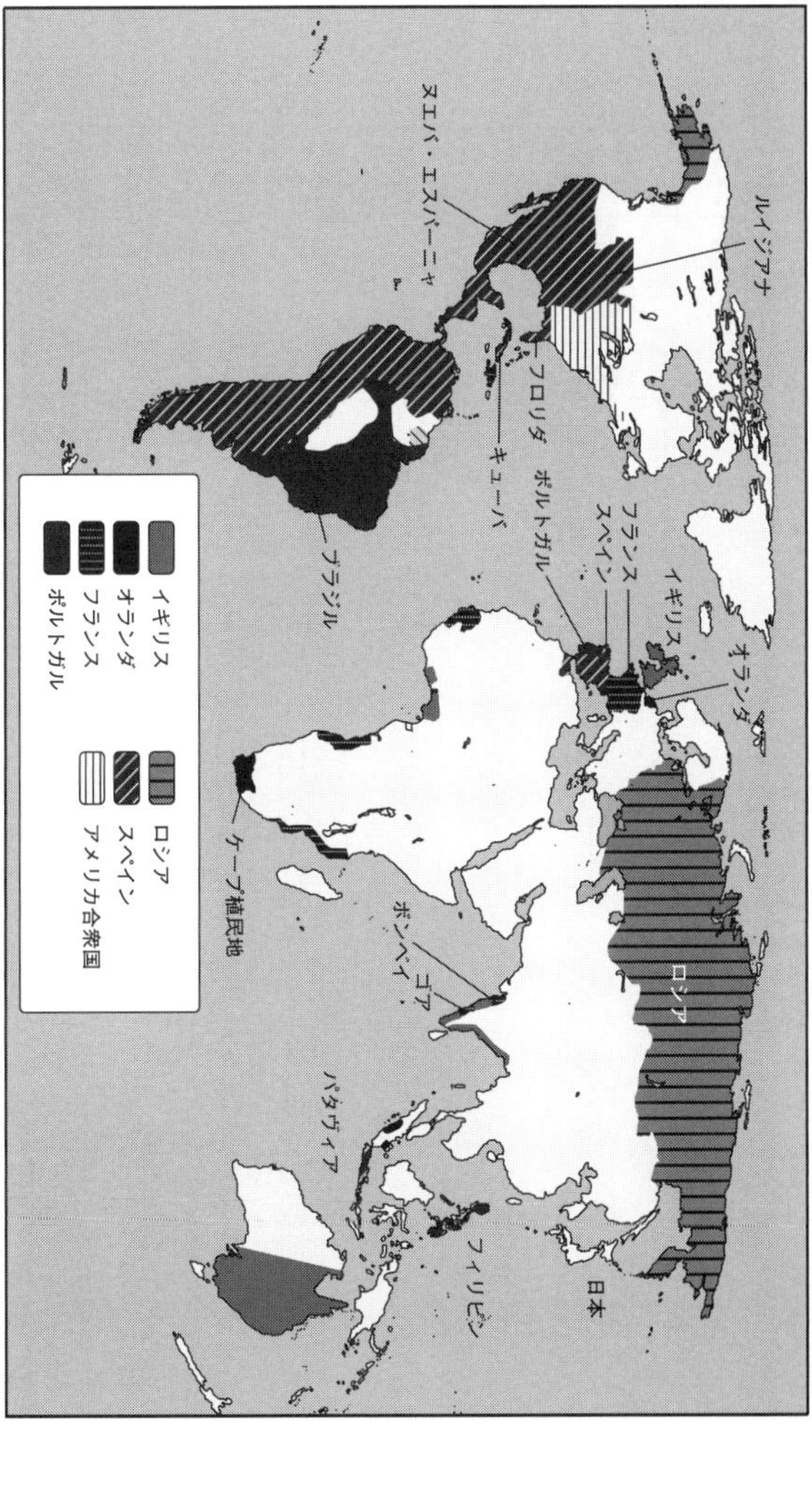

図13-1　1800年の植民地

ヨーロッパに第一次産品を供給したのは、アジアやアフリカ、時として中東の国々であった。このようなシステムの下、ヨーロッパが世界を支配したのが、19世紀から第一次大戦勃発までの時代の特徴であったのだ。

ヨーロッパは、その過程で自分たちの都合のいいように国境線を引いていった。もともとの民族が住んでいた土地、あるいは民族同士の関係は、あまり考慮されなかった。ただただ欧米列強にとって都合がいいように、植民地をはじめとする世界の他地域の国境線が定められたのである。

一時的に、それは成功したかに思われた。

ヨーロッパに押し寄せる難民

「移民」問題が象徴的だが、じつは現代社会の問題の少なからぬ部分は、今述べたヨーロッパの帝国主義に起源を有すると言っていい。帝国主義の負の遺産が、ヨーロッパのみならず、世界全体を苦しめているのである。

もっとも、現在のヨーロッパにどっと押し寄せてきている移民は、必ずしもすべてがかっての植民地からではない。かつての植民地の多くは、ヨーロッパからあまりにも遠いためである。

ただし、アルジェリアのように、フランスに近い地域から、主としてマルセイユを通じて移住する人たちは存在しており、無視できない数になっていることも確かである。

とはいえ、もっとも数が多く、切実な問題になっているのは、いわゆる「難民」であろう。現在のヨーロッパには、2014年以来、ヨーロッパにきた難民のうち、180万人もの人々がまだ残っており、それが世界的な問題になっている。

その数は、2014年が20万人強、2015年が100万人強、2016年が40万人弱、2017年が20万人弱であり、かなりの難民がヨーロッパに流入していることがわかる。ヨーロッパの受け入れ国としてはドイツが最大であり、ハンガリー、フランス、イタリア、スウェーデンがそれに次ぐ。難民の出身国は、シリア、アフガニスタン、イラク、パキスタン、イラン、ナイジェリアと続いている。

難民は、陸路と海路でヨーロッパに到達している。図13-2、3は、2015年のヨーロッパ移民危機に関する様々な情報をまとめたものである。トルコを経由して陸路で、そ

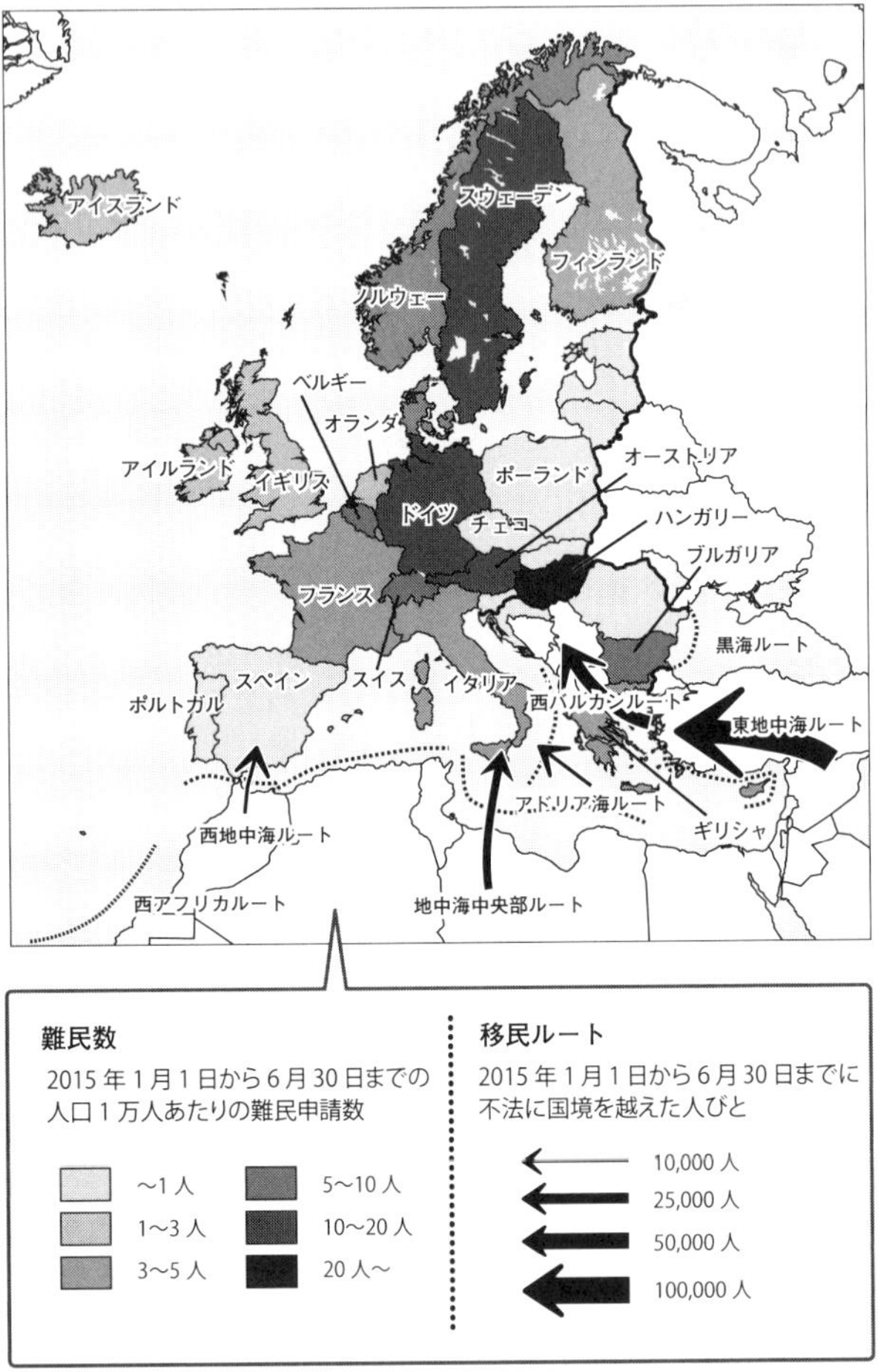

図13–2　難民の流入経路と数　出典: https://commons.wikimedia.org/wiki/File:Map_of_the_European_Migrant_Crisis_2015.png をもとに作成

してアフリカからは海路で、難民がヨーロッパに到着していることがわかるだろう。

本章では、これらの国々とヨーロッパが、歴史的にどう関係してきたか、バルカン半島と中東の諸国を中心に論じてみたい。

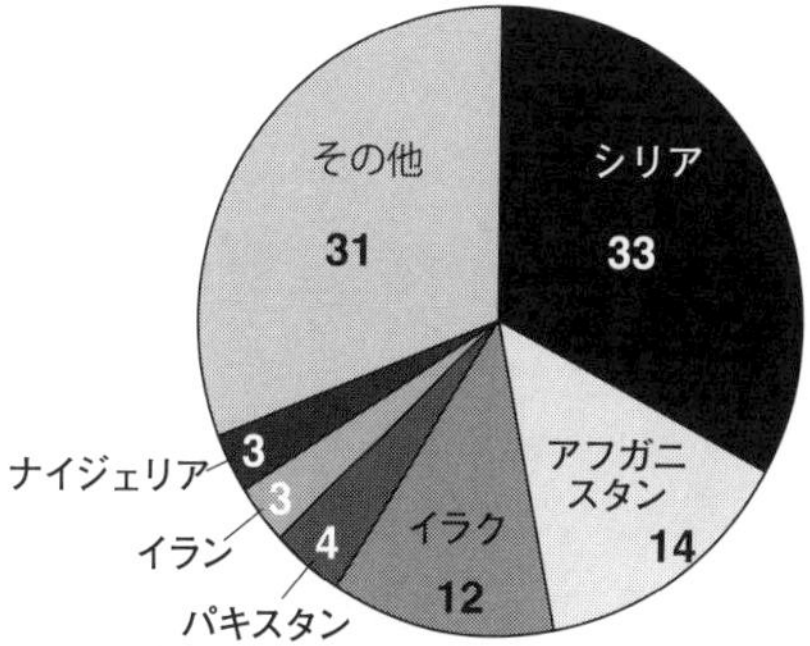

図13–3　EU28ヵ国における初回難民申請者の分布
※グラフは2016年1月から6月30日までの全体に対する割合を示したもの。出典：*The EEAG Report on the European Economy*,"Immigration and the Refugee Crisis-Can Europe rise to the Challenge?"CESifo, Munich 2017, pp. 82-101.

帝国主義諸国の思惑

すでに述べたように、ここに挙げた地域のうち、ヨーロッパの植民地になったことがある地域は少ない。しかし、ヨーロッパの帝国主義によって蹂躙《じゅうりん》された地域であったことは間違いない。

19世紀末から20世紀初頭にかけて、ロシアは南下政策により黒海沿岸、さらには東地中海から中東を目指し、さらにカフカス地方からイラン、中央アジアのトルキスタ

2015年の欧州難民危機でセルビアから線路伝いに国境を越え、ハンガリーに入るシリア難民らの列（提供：毎日新聞社）

ン、アフガニスタン、インド方面にまで進出を試みたが、このような進出は、イギリスの利害と激しく対立した。

イギリスの帝国主義政策である3C政策を掲げており、南アフリカのケープタウン、エジプトのカイロ、インドのカルカッタを鉄道で結ぼうとしていたからである。ケープタウンからカイロに至る地域はフランスと、カイロからカルカッタへと至るルートは、ベルリン―ビザンティウム（イスタンブル）―バグダードを鉄道で結ぼうというドイツの3B政策と衝突した。

このように、バルカン半島、さらには中東から中央アジアにかけての地域は、ヨーロッパの帝国主義諸国による思惑が錯綜《さくそう》しており、サラエボ事件をきっかけに第一次世界大戦へとなだれ込んでいった。

まさに19世紀末から20世紀初頭にかけての帝国主義政策が、今日のヨーロッパ難民問題の古層を形成しているのである。

火を噴いた「ヨーロッパの火薬庫」

第一次世界大戦の引き金を引いたサラエボ事件は、オーストリア・ハンガリー帝国の皇太子夫妻がセルビア人の青年に暗殺された悲惨な事件であった。この背景には「ヨーロッパの火薬庫」と呼ばれたバルカン半島の民族問題が複雑に入り組んでいた。

そもそもバルカン半島は、歴史的にはビザンツ帝国やオスマン帝国に支配された時代が長かったが、じつに様々な民族が入り組んでおり、彼らはいわば巨大な帝国によって強引に統治されていたに過ぎなかった。

しかも、1803年から1815年にかけてのナポレオン戦争以降、世界では一つの民族が一つの国家を形成する、いわゆる国民国家こそ当然の姿だという意識が高まっていた。民族が混在するバルカン半島でそういう意識が強まったなら、たちまちのうちに民族紛争が激化することになるのは必然であった。

前段階として、19世紀のオスマン帝国の弱体化とともにナショナリズムの高揚を受けたバルカン半島では次々に国家が独立しており、20世紀初頭にはごく一部の地域を残すのみとなっていた。

そうした中、スラヴ系諸民族の一体性を主張しパン・スラブ主義を唱えるロシアの支援で、1912年10月、セルビア・モンテネグロ・ブルガリア・ギリシアがバルカン同盟を結成し、オスマン帝国に宣戦したのが第一次バルカン戦争の始まりであった。

オスマン帝国は、ドイツの後ろ盾でパン・ゲルマン主義を掲げるオーストリア・ハンガリー帝国の援助を受けており、両陣営は激しくぶつかりあった。この第一次バルカン戦争は、バルカン同盟側の勝利に終わったものの、戦後処理で折り合わず、1913年にブルガリアとの第二次バルカン戦争に突入した。

その結果、のちに多数の難民を出すことになったアルバニア人居住区のコソボ地方は、セルビア及びモンテネグロによって分割されることになったのである。

サラエボを訪れたオーストリア・ハンガリー帝国皇太子夫妻がセルビア人の青年に暗殺

されたのは、こうした状況下であり、背景には様々な思惑が入り組んでいた。

すでに述べたようにオーストリア・ハンガリー帝国のバックにはドイツが、セルビアにはロシアがついていた。ドイツは、オーストリア、イタリアと三国同盟を結んでおり、ロシアはイギリス、フランスと三国協商を結んでいた。まさにバルカン半島は帝国主義諸国がぶつかり合う最前線であった。

ユーゴスラビア内戦の爪痕

このようにバルカン半島は元来、他民族が入り混じった地域であり、統治するのがきわめて難しかった。

第二次世界大戦後、ある程度ボスニアとヘルツェゴビナが平和な状態でいられたのは、カリスマ的な指導者ティトーの強力なリーダーシップの下、ユーゴスラビア共和国に強固に組み入れられていたからである。

したがって、ティトー亡き後、6つの共和国から成り立つ多民族連邦国家のユーゴスラビアで民族紛争が再燃するのは十分に予想されたことであった。

ユーゴスラビアでは、1990年に選挙が行われた結果、連邦の維持が支持されず、1991年6月にはスロヴェニアとクロアティアが独立を宣言し、これをきっかけにユーゴスラビア内戦が勃発した。

さらに同年9月にマケドニア、翌年3月にボスニア＝ヘルツェゴビナが独立を宣言したが、ボスニア＝ヘルツェゴビナは、一方に独立を求めるムスリム勢力とクロアティア人勢力がいて、他方に独立に反対するセルビア人がいるという、特に複雑な民族構成を持った地域であった。

ボスニア＝ヘルツェゴビナの独立宣言は、ボスニア内戦（ボスニア＝ヘルツェゴビナ紛争）の引き金を引くに十分なものだったのだろう。こうして、旧ユーゴスラビアは、無秩序状態に陥ったのである。

この内戦は、NATOによるセルビア人勢力への空爆がなされるなど、大規模なものに発展した。内戦による死者は20万人、難民と避難民の合計は200万人に達したと言われる。そして1995年12月になり、ようやくパリで正式に講和条約が結ばれるまで続いた。

コソボ難民は民族問題の縮図

現在、難民を多数生み出しているコソボ地方で起こったことも、この一連の問題の延長線上にある。ユーゴスラビア解体によって次々と国家が独立する中で、コソボの自治要求運動は確実に高まっていた。

コソボの全人口約160万人のうち、セルビア人は13パーセントだけで、アルバニア人が大多数の78パーセントを占めていた。アルバニア人を優遇したティトーがいなくなったことで、コソボから不満が噴出するのは避けられなかったと言えよう。それが1981年に起こったコソボでの大規模な暴動へと繋がっていった。

このコソボ問題は、ユーゴスラビアのミロシェヴィッチ大統領が、1998年にセルビア治安部隊を派遣し、コソボ解放軍を撃破しようとしたことで再び表面化した。

紛争終結後、コソボは国際連合の監督下に置かれたが、その地位は2008年まで未確定のまま続いた。だが2009年、セルビアがヨーロッパ連合への加盟を申請した際、コソボとの関係改善が条件だったため、セルビアはコソボと関係改善に向けた合意を行った。

しかし、セルビアの憲法では、コソボはいまだセルビアの一地方であり、独立した存在ではない。現在では、コソボの独立を承認する国のほうが多いが、承認しない国も少なくなく、それが大きな問題を残している。

さらに、アルバニア系住民がセルビア人を襲撃することも頻発している。このような状況下で発生しているコソボからの難民は、バルカン半島に残る民族問題を多分に象徴するものだと言えよう。

民族問題が大きな原因となってヨーロッパへの難民が発生しているのは、アルバニアも同じである。

アルバニアは半数以上がムスリムと言われており、その点で他の旧ユーゴスラビアに属する国々とは異なる。またアドリア海に面しており、海上ルートで簡単にイタリアに渡れる。

アルバニアは、1939年イタリアのムッソリーニにより占領され、1943年からはドイツの支配下に入った。1946年には、アルバニア人民共和国として再び独立し、社会主義体制を採用したが、閉鎖経済をとったため、他の社会主義国との関係は弱く、その後苦しい状況が続いた。

そして1991年、ついに社会主義体制が崩壊すると、経済情勢が悪かったこともあり、海を渡ってイタリアに移住しようとする人がアドリア海岸の港に押し寄せた。しかし彼らが到着しても、イタリア政府は彼らを入国させず、大きな問題になったのである。

シリアの難民問題

次に中東に目を転じてみたい。シリアもまた長期にわたり、オスマン帝国の支配下にあった地域である。だが、第一次世界大戦が終結し、オスマンの支配が弱まると、ダマスクスにアラブ政府を樹立したファイサル1世が、1919年のパリ講和会議に出席し、アラブ国家の承認を求めた。

しかし、イギリス、フランス両国はそれを拒否し、さらにウィルソンの民族自決の原則もアラブには適用しなかった。それに対し、ファイサル1世は1920年3月にシリア・アラブ王国独立を宣言し、同国の国王となるが、同年4月イギリス、フランスなど戦勝国はサン・レモ会議でシリア・アラブ王国を分割し、イギリス、フランスの委任統治とすることで合意した。

さらに7月にフランス軍はダマスクスを攻撃してファイサルを追い出すことに成功する。シリア・アラブ王国のうち、シリアは1920年からフランスの、ヨルダンとパレスチナはイギリスの委任統治領になった。

フランスはシリアの多数派であるスンナ派のムスリム勢力を抑えるため、シーア派やキリスト教徒との宗教対立を利用した。そして、このような宗教的対立から内戦が生まれるという構造をつくってしまった。その構造は現在まで続き、いまだ多数の難民を生み出し続けている。

2011年には、アラブ世界で民主化を求める「アラブの春」がシリアにも飛び火し、各地で発生した反政府デモにアサド政権が弾圧を加えたため、内戦へと突入した。さらにそれは、反体制派、ISの成立、ロシアの介入などによって泥沼化し、死者は30万人以上、難民は全人口2240万人のうち500万人を超える非常事態となっている。

イラクとクウェートの場合

イラクに関しては、むろんフセイン政権による混乱が直接の原因だと考えられるものの、1921年にイギリスがイラクと関係の深かったクウェートを分離した形で、ファイサル1世を国王としてイラク王国を建国させたことが、のちに中東に混乱をもたらしたことも指摘しておくべきであろう。

ペルシア湾岸に進出することを容易にするため、1899年、イギリスはクウェートを保護国に、さらに1913年には保護領にした。そして第一次世界大戦後、イラクとクウェートを、ともにイギリスの植民地とした。

イラクは1932年にイギリスから独立したが、この時、おそらくイラクがクウェートは自国の一部だという主張をしたため、イラクとクウェートの国境は確定しなかった。1961年にクウェートがイギリスの保護領から独立した時も、イラクは「クウェートはイラクの一部である」と宣言している。

湾岸戦争のきっかけとなった1990年のフセインのクウェート侵攻は、決して許されるものではないが、イラク側には、こうした認識が根底にあったのである。

欧米列強は、帝国主義時代に、中東諸国の国境線を自分たちに都合のいいように引いた。それが、のちの時代にどのような影響を及ぼすかということは気にしなかった。イラクとクウェートの国境線確定は、そのような事例の一つである。

イギリスがもっと慎重にイラクとクウェートを扱っていれば、その後の中東での紛争はより少なくなり、湾岸戦争はなかったかもしれない。そして湾岸戦争をきっかけとした、難民の発生も起こらなかっただろう。

帝国主義の負の遺産

厳密には、これらの出来事すべてが帝国主義時代のことではないが、その起源は欧米列強の帝国主義政策に求めることができるし、当時は欧米列強が自由に世界各地を支配していいという意識が色濃く残っていたのだ。

帝国主義時代、イギリスのみならず、フランス、ドイツ、スペイン、ポルトガル、オランダなどのヨーロッパ諸国も世界中に植民地を持っていた。大英帝国の規模と比較すると見劣りするとはいえ、帝国を築いていたのである。

そうした状況下でグローバル化が進展し、本国と植民地との関係が政治的にも経済的にも緊密になると、必然的に双方向で人々の移動は激しくなる。植民地を支配するために、本国から植民地へと人々が移動するのはもちろんのこと、経済的な利益を求めて、植民地から本国へと移動する人も多かった。

そして、本国は経済成長を成し遂げるための安価な労働力として、被植民地の人々を使用したのである。それがもっとも多く当てはまったのは、世界最大の植民地帝国であったイギリスである。イギリスには、植民地から多数の人々が押し寄せることになった。

現在イギリスに多数の人種がいるのはそのためである。むろん、同様のことは他のヨーロッパ諸国にも当てはまる。換言すれば、ヨーロッパが築き上げてきたのは、必然的に多くの移民を外から受け入れるシステムだったのである。

難民問題が非常に難しいのは、帝国主義によって築かれたこうしたシステムと密接に関わっているからだ。現在のEU加盟国は28カ国あり、経済的には単一市場を特徴とする。したがって、通常は加盟国間をパスポートがなくともスムースに移動することができる。

しかし、それはまた、ヨーロッパ内における難民の移動も容易にするという問題点をもたらすことになった。

たとえば、ドイツへの大量の移民流入は、ＥＵ最大の経済大国であることも理由の一つだが、（西）ドイツ政府がトルコからのガストアルバイターと呼ばれる低賃金労働者を利用してきたからでもある（ただし、現実にはトルコからくるクルド人も多かったはずである）。すでにガストアルバイターを大量に受けている以上、ヨーロッパ外の難民だけを拒否することなどできるはずがない。

オーストリアの難民は、この国がかつてのハプスブルク帝国の中核に位置し、オスマン帝国に隣接していたことを思えば、決して不思議ではない。また、スウェーデンへの難民の多さは、ＥＵの市場統合がどれほど進んでいるのかを物語っている。

そもそも北欧諸国は、西欧諸国とある程度距離を取りたいという意思を持っていたが、スウェーデンは不況のために１９９５年にＥＵに加盟することを余儀なくされた。ＥＵ加盟国になった以上、難民が流入するのも当然のことである。単一市場は人々の流動性を著しく高めた。そのため、以前は難民とはあまり関係がなかったスウェーデンにまで、ヨーロッパ外からの移民が住むようになったのである。

ヨーロッパの難民問題は、それが歴史・文化の根底に深く関わる問題であるだけに、解決は容易ではない。歴史という視点から見た時、現在とヨーロッパの帝国主義時代とは、いまだ明確に繋がっているのである。

おわりに

人類はなぜ移動するのか。それが本書の根源的な問いであるが、ここまであえて明確な解答を出してはこなかった。そこで「おわりに」を利用して、私なりの答えを提示したい。

どのような生物も、種の保存を最大の目的として生存している。個体はやがて滅びる運命にあるが、種は生き残らなければならない。人類が、多様な環境で生き残る戦略を選んだのは、その意味では必然であっただろう。

人類の故郷は、アフリカにあった。したがって、かなり暑い地域である。人類は、本来は熱帯ないし亜熱帯に適した種であったものと思われる。しかし、2本の足で立ち、手を自由に使うことで、動物の毛皮などを着ることができ、寒いところでも生きられるようになった。

そもそも人類は、なぜベーリング地峡を越えてアメリカ大陸に渡ったのだろうか。なぜシベリアのような極寒の地に行ったのだろうか。人類が様々な地域に移動したのは、どのような天変地異があっても、種の保存ができる選択をしたためだったというのが、合理的な結論であろう。

そう考えると、私には、ホモ・サピエンスという種自体に、「移民」という選択肢がビルトインされているように思えてならない。

本書は、そのような問題意識の下、人類の歴史をたどったものである。ただし、紙幅の都合もあり、人類の歴史すべてを均等に扱ったわけではない。人類が、どのようにして移動し、それがどのような意味を歴史に付与したかに焦点を当て、述べるにとどめている。

本書で書いてきたように「移民」とは、人々を繋ぐ働きをしており、文明を伝播させ、新しい文化や技術、食物、生活様式などを広めた人々であった。人類は多様な地域に居住しているが、「移民」がいたからこそ、異なる場所に住む人同士が、結びつくことができた。さらに強制的に移住させられた黒人などの「移民」の犠牲によって、人々が豊かになったことも忘れてはならない。

このように、「移民」を中心として分析することで、世界各地の歴史がどのように接続しているかが、よく見えてくる。本書は、それを読者に理解してもらうことを最大の目的として書かれた。それこそ『世界史を「移民」で読み解く』というタイトルの意味である。

本書の執筆に際しては、ＮＨＫ新書の編集者である山北健司氏から有益な多数のコメントをしていただいた。記して感謝の意を表したい。

２０１８年12月　京都にて

玉木　俊明

主要参考文献

・安野眞幸『教会領長崎――イエズス会と日本』講談社選書メチエ、２０１４年
・アンリ・ピレンヌ『中世都市――社会経済史的試論』佐々木克巳訳、講談社学術文庫、２０１８年
・アンリ・ピレンヌ『ヨーロッパ世界の誕生――マホメットとシャルルマーニュ』増田四郎監修、中村宏、佐々木克己訳、創文社、１９６０年
・岩生成一『日本の歴史〈14〉鎖国』中公文庫、２００５年
・印東道子『島に住む人類――オセアニアの楽園創世記』臨川書店、２０１７年
・梅溪昇『お雇い外国人――明治日本の脇役たち』講談社学術文庫、２００７年
・応地利明『トンブクトゥ――交界都市の歴史と現在』臨川書店、２０１６年
・海部陽介『日本人はどこから来たのか？』文藝春秋、２０１６年
・川本静子『ガヴァネス（女家庭教師）――ヴィクトリア時代の〈余った女〉たち』中公新書、１９９４年
・熊野聰『ヴァイキングの歴史――実力と友情の社会』小澤実文献解題、創元社、２０１７年
・栗田伸子、佐藤育子『興亡の世界史 通商国家カルタゴ』講談社学術文庫、２０１６年
・黒嶋敏『琉球王国と戦国大名――島津侵入までの半世紀』吉川弘文館、２０１６年
・後藤健『メソポタミアとインダスのあいだ――知られざる海洋の古代文明』筑摩選書、２０１５年
・杉原薫「近代世界システムと人間の移動」『岩波講座 世界歴史19 移動と移民』3－61頁、岩波書店、１

999年
・デヴィド・カービー、メルヤ-リーサ・ヒンカネン『ヨーロッパの北の海――北海・バルト海の歴史』玉木俊明、牧野正憲、谷澤毅、根本聡、柏倉知秀訳、刀水書房、2011年
・高橋裕史『イエズス会の世界戦略』講談社選書メチエ、2006年
・高橋裕史『武器・十字架と戦国日本――イエズス会宣教師と「対日武力征服計画」の真相』洋泉社、2012年
・玉木俊明『海洋帝国興隆史――ヨーロッパ・海・近代世界システム』講談社選書メチエ、2014年
・玉木俊明『先生も知らない世界史』日経プレミアシリーズ、2016年
・玉木俊明『拡大するヨーロッパ世界　1415-1914』知泉書館、2018年
・玉木俊明『逆転の世界史――覇権争奪の5000年』日本経済新聞出版社、2018年
・玉木俊明『人に話したくなる世界史』文春新書、2018年
・玉木俊明『物流は世界史をどう変えたのか』PHP新書、2018年
・林俊雄『興亡の世界史　スキタイと匈奴――遊牧の文明』講談社学術文庫、2017年
・フィリップ・カーティン『異文化間交易の世界史』田村愛理、中堂幸政、山影進訳、NTT出版、2002年
・深沢克己『商人と更紗――近世フランス=レヴァント貿易史研究』東京大学出版会、2007年
・松浦章『汽船の時代――近代東アジア海域』清文堂出版、2013年

・家島彦一『海が創る文明――インド洋海域世界の歴史』朝日新聞社、１９９３年
・S・R・ラークソ『情報の世界史――外国との事業情報の伝達１８１５－１８７５』玉木俊明訳、知泉書館、２０１４年
・T.M.Devine, *Scotland's Empire : The Origins of the Global Diaspora*, London, 2004.
・Takeshi Hamashita, "The Lidan Baoan and the Ryukyu Maritime Tributary Trade Network with China and Southeast Asia, the Fourteenth to Seventeenth Centuries", in Eric Tagliacozzo and Wen-chin Chang (eds.), *Chinese Circulations: Capital, Commodities, and Networks in Southeast Asia*, Durham and London, 2011, pp.107-129.
・Kevin H. O'Rourke, Jeffrey G. Williamson, *Globalization and History: The Evolution of a Nineteenth-Century Atlantic Economy*, Cambridge Mass. and London, 2001.
・Giorgio Riello, *Cotton: The Fabric that Made the Modern World*, Cambridge, 2013.
・Stuart B. Schwartz (ed.), *Tropical Babylons: Sugar and the Making of the Atlantic World*, 1450-1680, London, 2004.

校閲　猪熊良子
図版作成　手塚貴子
ＤＴＰ　佐藤裕久

玉木俊明 たまき・としあき

1964年、大阪市生まれ。
京都産業大学経済学部教授。
同志社大学大学院文学研究科(文化史学専攻)
博士後期課程単位取得退学。専門は近代ヨーロッパ経済史。
著書に、『ヨーロッパ覇権史』(ちくま新書)、
『〈情報〉帝国の興亡』(講談社現代新書)、
『物流は世界史をどう変えたのか』(PHP新書)、
『海洋帝国興隆史』(講談社選書メチエ)、
『拡大するヨーロッパ世界 1415-1914』
『北方ヨーロッパの商業と経済 1550-1815年』
(いずれも知泉書館)など多数。

NHK出版新書 575

世界史を「移民」で読み解く

2019年2月10日　第1刷発行
2022年7月10日　第2刷発行

著者　玉木俊明

発行者　土井成紀

発行所　NHK出版
〒150-8081東京都渋谷区宇田川町41-1
電話 (0570) 009-321(問い合わせ) (0570) 000-321(注文)
http://www.nhk-book.co.jp (ホームページ)
振替 00110-1-49701

ブックデザイン　albireo

印刷　新藤慶昌堂・近代美術

製本　藤田製本

Printed in Japan ISBN978-4-14-088575-8 C0222

NHK出版新書好評既刊

NHK出版新書好評既刊

絶滅の人類史
なぜ「私たち」が生き延びたのか
更科 功
ホモ・サピエンスは他の人類のいいとこ取りをしながら生き延びた⁉ 人類史の謎に、最新の研究成果をもとに迫った、興奮の一冊。
541

マインド・ザ・ギャップ！日本とイギリスの〈すきま〉
コリン・ジョイス
日本とイギリスを行き来する英国人記者が、二つの国の食、言語、文化、歴史などを縦横無尽に比較しながら綴る、知的かつユーモラスな「日英論」。
542

シリーズ・企業トップが学ぶリベラルアーツ
「五箇条の誓文」で解く日本史
片山杜秀
「五箇条の誓文」を切り口に、江戸から明治、平成にかけての問題点を明快に説く。有名企業幹部が学ぶ白熱講義を新書化！
543

ダントツ企業
「超高収益」を生む、7つの物語
宮永博史
セブン銀行、アイリスオーヤマ、中央タクシー――不況でも「超高収益」を生み続ける会社に注目し、「儲かる仕組み」を明快に解説する！
544

教養としてのテクノロジー
AI、仮想通貨、ブロックチェーン
伊藤穰一
アンドレー・ウール
AIやロボットは人間の「労働」を奪うのか？ 仮想通貨は「国家」をどう変えるのか？「経済」「社会」「日本」の3つの視点で未来を見抜く。
545

読書の価値
森 博嗣
なんでも検索できる時代に本を読む意味とは？ 本選びで大事にすべきたった一つの原則とは？ 人気作家がきれいごと抜きに考えた、読書の本質。
547

NHK出版新書好評既刊

声のサイエンス
あの人の声は、なぜ心を揺さぶるのか

山﨑広子

声には言葉以上に相手の心を動かし、私たちの心身さえ変えていく絶大な力が秘められている——。その謎に満ちた「音」の正体に迫る！

548

悪と全体主義
ハンナ・アーレントから考える

仲正昌樹

世界を席巻する排外主義的思潮といかに向き合うか？ トランプ政権下のアメリカでベストセラーになった『全体主義の起原』から解き明かす。

549

「産業革命以前」の未来へ
ビジネスモデルの大転換が始まる

野口悠紀雄

AI・ブロックチェーンの台頭により、産業革命以前の「大航海の時代」が再び訪れる。国家・企業・個人はどうするべきか。500年の産業史から描き出す！

550

なぜ、わが子を棄てるのか
「赤ちゃんポスト」10年の真実

NHK取材班

なくならない育児放棄に児童遺棄。日本にたった一つの赤ちゃんポストを通して、日本社会が抱える深い闇を浮かび上がらせる。

551

新版 議論のレッスン

福澤一吉

議論にも、スポーツと同様にルールがある。ロングセラーの旧版に新たな図版・事例を付して、大幅な加筆を施したディベート入門書の決定版。

552

「ミッション」は武器になる
あなたの働き方を変える5つのレッスン

田中道昭

あなただけのミッションを言葉にできれば、「仕事の迷い」は一瞬で消える。立教大学ビジネススクールの白熱授業を完全再現！

553

NHK出版新書好評既刊

国語ゼミ
AI時代を生き抜く集中講義

佐藤 優

教科書を正確に理解する力をベースに、AIに負けない「読解力＋思考力」を養う。著者初の国語トレーニング、練習問題付き決定版！

554

日本百銘菓

中尾隆之

知る人ぞ知る実力派銘菓から、定番土産の裏話まで。無数に存在する銘菓のなかから百を厳選し、エッセイ形式で紹介する。オールカラーの決定版！

555

古生物学者、妖怪を掘る
鵺の正体、鬼の真実

荻野慎諧

鬼、鵺、河童……古文献を「科学書」として読むと、怪異とされたものたちは、全く異なる姿をあらわす!? 科学の徒が本気で挑む知的遊戯。

556

脳を守る、たった1つの習慣
感情・体調をコントロールする

築山 節

60代を過ぎて老年期を迎えた脳は「鍛える」のではなく「守る」もの。「1日1頁、5分書くだけ」で、脳の機能は維持することができる！

557

こうして知財は炎上する
ビジネスに役立つ13の基礎知識

稲穂健市

五輪、アマゾン、いきなり！ステーキ、漫画村……。身近な最新事例で複雑化する知的財産権の現状と「トラブルの防ぎ方」が学べる実践的入門書！

558

藤《フ》田《ジ》嗣《タ》治がわかれば絵画がわかる

布施英利

日本人として初めて西洋で成功した破格の画家・藤田嗣治。その作品世界の全貌を3つのキーワードで追い、絵画美術の普遍の見方を導く。

559

NHK出版新書好評既刊

ルポ 中年フリーター
「働けない働き盛り」の貧困
小林美希
この国で増加の一途を辿る中年フリーター。なぜ彼らは好景気にも見放されてしまったのか？ 当事者取材から「見えざる貧困」の実態を描く。
566

すべての医療は「不確実」である
康永秀生
がん治療をはじめ医療をめぐる情報は氾濫するばかり。惑わされないために、医療統計のプロが〝科学的根拠〟を手掛かりに秘訣を伝授する！
567

習近平と米中衝突
「中華帝国」2021年の野望
近藤大介
貿易戦争から技術覇権、南シナ海まで。激しく対立する米中関係の行方を長期取材で読み解く！「アジア新皇帝」習近平の世界戦略に鋭く迫る一冊。
568

マルクス・ガブリエル 欲望の時代を哲学する
丸山俊一＋NHK「欲望の時代の哲学」制作班
若き天才哲学者の密着ドキュメント番組を書籍化。哲学の使命とは何か？ 日本の「壁」とは何か？ 平易な言葉で「戦後史」から「日本」まで語りつくす！
569

手帳と日本人
私たちはいつから予定を管理してきたか
舘神龍彦
旧日本軍の「軍隊手牒」から現代の奇怪な「スピリチュアル系手帳」まで。知られざる手帳の歴史から、日本人の時間感覚や仕事観を解き明かす！
570

「AI資本主義」は人類を救えるか
文明史から読みとく
中谷巌
人類誕生から資本主義勃興にいたる広大な歴史をふまえ、AI登場によって劇的な転換を遂げる人類と世界の未来を展望する。
571

NHK出版新書好評既刊

大乗仏教
ブッダの教えはどこへ向かうのか
佐々木閑
「自己鍛錬」を目的にした釈迦の教えは、いつ、どこで、なぜ、「衆生救済」を目的とする大乗仏教に変わったか？「対話」から大乗仏教の本質に迫る。
572

フロムに学ぶ「愛する」ための心理学
鈴木晶
愛は、誰もが生まれながらに持っているものではなく、学ぶべきものだ。ベストセラー『愛するということ』の翻訳者が、フロム心理学の奥義を極める。
573

キャッシュレス覇権戦争
岩田昭男
日本で吹き荒れるキャッシュレスの大嵐。３００兆円消費市場を誰が制するか？「信用格差社会」をいかに生き抜けばよいか？現金消滅時代の正体！
574

世界史を「移民」で読み解く
玉木俊明
文明の興亡、産業革命と列強の覇権争い、ヨーロッパ難民危機……。「人の流れ」はいかに歴史を変えたのか!? 経済史研究の俊英が明快に説く！
575

英文法の新常識
学校では教えてくれない！
鈴木希明
「学校英文法」の世界は、時代と共に大きく変化している！多くの人が高校時代に習った古い情報と比べながら読み解く、目からウロコの現代英文法。
576